Creating your Vintage

HALLOWE'EN

マイ・ヴィンテージ・ハロウィン

E C Banks

Hallowe'en
Ducking for Apples

Creating your Vintage HALLOWE'EN

The folklore, traditions, and some crafty makes

マイ・ヴィンテージ・ハロウィン

マリオン・ポール

Creating your Vintage HALLOWE'EN

This Japanese edition was produced and
published in Japan in 2015 by
Graphic-sha Publishing Co., Ltd.
1-14-17 Kudankita, Chiyodaku,
Tokyo 102-0073, Japan

Published in 2014 by CICO Books
an imprint of Ryland Peters & Small Ltd
20–21 Jockey's Fields, London WC1R 4BW
519 Broadway, 5th Floor, New York, NY 10012

Designer: Mark Latter
Project photographs: Debbie Patterson
Recipe photograph: Heather Cameron
Step-by-step illustrations: Harriet de Winton

Printed in China

CONTENTS

目次

INTRODUCTION
はじめに

仮装、パーティー、パレード、お菓子をもらいに回る子どもたち
——古い祭りの習慣がヨーロッパやアメリカで復活を遂げ、
今やハロウィンはみんなが楽しめる人気のイベントになっています。
アメリカでは、ハロウィンの衣装や飾り、パーティーグッズ、
カボチャ、キャンディーなど、ハロウィングッズの
売り上げは数百万ドルにのぼりますが、
ほんの1世紀ほど前まではほとんどが手作りでした。
想像をふくらませ工夫をこらして作れば、
けばけばしくても質素でも、なんでもよかったのです。
当時ハロウィンはパーティーの準備を楽しむ絶好の機会でした。

ハロウィンは二千年以上前のケルト民族の祭りが起源だと考えられていますが、19世紀の中頃には、アイルランド、スコットランド、イギリスなどケルト民族が住んでいた地域でさえ、ハロウィンの風習は消えかけていました。ところが、大勢の人がアメリカへ移住したことで、その風習が運ばれ、アメリカ全土に広がっていったのです。

その後2～3世代のうちに、田舎の風変わりな儀式だったハロウィンは、地域の人々が集まり、家族がともに楽しむイベントへと様変わりしました。個々の儀式や習慣は地域ごとにちがった形で発展しましたが、ハロウィンの概念はどこでも共通しています。怖い幽霊が登場したり、不気味な占いを試したりといったスリルがあるからこそ楽しめる、幸せなおとぎ話なのです（ほんとは怖くないと、みんなわかっているのですから）。

どんどん増える歌声に
悲しみも過ちも忘れて加わろう
喜びあふれる歌の時間
さあ、ハロウィンをともに祝おう

ジョン・ケンドリック・バングズ（1862－1922）
の詩「ハロウィン」より
1910年11月5日付ハーパーズ・ウィークリー誌掲載

仮装、飾りつけ、ジャック・オー・ランタンはお決まりですが、昔からハロウィンの夜に欠かせないのが占いです。もちろん占いは当たるとは限りません。みんな本気で将来のことを知りたいわけではなく、古い伝統に沿って占いをすること自体が楽しかったのでしょう。今も昔も、ハロウィンの占いは年に一度しかできない特別な遊びなのです。

この商業主義がはびこるハイテク時代に、素朴だった過去の時代を振り返ることには、大きな価値があります。秋の終わりに古き良き時代のものを愛でる風習は決して色あせません。ハロウィンの祭りはこれからも熱心に続けられていくことでしょう。時代が変わっても、ときには祖父母や曾祖父母の時代を振り返って、当時の様子を知りたくなるものです。目まぐるしいスピードでものごとが変化していく現代にあっても、過去とのつながりはまだ残っていて、古い時代の痕跡が息づいています。それを実感すると、なぜか明るい気持ちになれるのです。

雲が出れば、賢い者は外套を着る
木の葉が落ちれば、冬がやってくる
日が沈めば、夜が来るのは当然ではないか？

シェイクスピア作『リチャード３世』より

chapter 1

1章

WAY BACK WHEN...

ハロウィンの歴史

Way back when...

ケルトの焚き火

「日がだんだん短くなり、寒くなってきた。
家畜は山の牧草地からふもとに降ろした。作物の収穫も終わった。
まもなく、古い年の終わりと新しい年の始まりを告げる盛大な焚き火が始まる。
暗黒の季節はすぐそこまで来ている。準備はいいか？」

二千年以上前、古代ケルトの人々は、10月の終わりにこんな言葉を交わしていたことでしょう。古くから北ヨーロッパに住んでいたケルト民族は、季節ごとに死と再生が繰り返されると考えていました。冬は新しいサイクルの始まりで、暗く寒いなか、暖かい日差しが戻るのを待ちながらじっと耐える時期でした。

季節の変わり目には、食べ物を蓄えて住まいを整えることが重要でした。車でスーパーに買い出しに行ったりはできない時代でしたし、便利屋に屋根の修理を頼んだりもできなかったのですから。当時は季節の節目ごとに神々を称えて怒りを鎮める儀式や祭りがおこなわれていました。彼らは自然に密着して生きていて、その信仰は自然と深く関わっていたのです。大きな節目は1年に4回やってきます。昼がいちばん長い日（夏至）といちばん短い日（冬至）、そして昼と夜が同じ長さの日（春分と秋分）。それぞれの間にも大事な祭りの日がありました。サムハイン（現在の暦で11月１日）、インボルク（２月１日）、ベルテン（５月１日）、ルグナサート（８月１日）です。ケルトでは１日は朝からではなく夜から始まると考えていたので、祭りごとは前夜から始められました。秋の終わりと冬の到来を告げるサムハイン祭が、「ハロウィン」の起源だという説があります。

当時の祭りについて今わかっていることは、ほとんどが神話や伝説によるもので、代々語りつがれたあとに書き記されたものです。そのため曖昧な部分が多く、長年の間にさまざまな解釈が付け加えられてきました。アイルランドのミース州にあるワードの丘（トラクトガ）で、二千年以上前の盛大な焚き火の跡が見つかっています。大がかりな焚き火は当時の人々にとって重要な意味があったことでしょう。ほかの地に住むケルト民族にも焚き火の風習があったという説もあります。ワードの丘では砦の遺跡も発掘されていて、ケルトの宗教的指導者ドルイドたちが集まる場所だったという伝説も残っています。

The Hill of Tara
タラの丘

　中世のアイルランドの書物には、タラの丘でサムハインの宴が１週間も続いたと書かれています。有名な遺跡タラは、かつてアイルランドの王が軍隊を従えて住んでいた場所で、こんな伝説が残っています――この地にいた妖精たちを追いはらったところ、妖精の王子エイリンが毎年サムハインになると復讐に現れるようになり、それが23年間続いた。エイリンはうっとりする音楽を奏でて人々を眠らせ、その間に宮殿を焼き落とす。宮殿は灰と化し、毎年建て直す羽目になった。あるとき、軍隊の元隊長の息子フィオンが、眠らないよう槍で自分の額を突きながら音楽に抵抗し、最後はその槍でエイリンの息の根を止めた。フィオンはそれからもアイルランドやスコットランドの各地で人々を救い、英雄になった。

FIRE 火

ケルトの民話では、火は強さと情熱の象徴であり、
浄化作用があるとされています。
ケルトの儀式には火が欠かせませんでした。サムハインの焚き火には、
神々への供物として生贄の動物の骨や作物を投げ入れる習慣がありました。
生贄には老いて弱った動物が選ばれ、肉は保存され、
骨は火に投じられました（英語で焚き火を意味する単語 bonfire は、
「骨の火 bone-fire 」から来ています）。焚き火をふたつ焚き、
家畜にその間を行き来させると、清められて無事に冬を越せるという
言い伝えもあったそうです。

人々はサムハインの日、かまどの火をいったん消し、祭りの焚き火から熾火《おきび》をもらってきて新たに火をおこしました。こうすると、厳しい冬を無事に越えられると言われていたのです。焚き火の灰は、畑を荒らす悪霊を追いはらって翌年の収穫を守るために畑一面にまかれました。実際に、灰は肥料にもなったのです。

スコットランドでは、まわりに潜む悪霊から畑を守るため、若者が火のついたたいまつを持って走り回る風習もありました。サムハインの焚き火は、ケルトでは何世紀も受け継がれてきました。スコットランドでは、今も多くの地域で新年を焚き火で祝います。昔のケルト暦では10月31日からが新年だったので、新年

の焚き火はハロウィンの伝統の名残かもしれません。スコットランドのフォーティンゴールという町では、1924年まで毎年、少し日にちがずれますが11月11日に大きなサムハインの焚き火が焚かれていました。

アイルランドでは今でもハロウィンの焚き火の伝統が残っていますが、火事の危険があるのでやめようという動きもあります。アイルランドやウェールズでは昔、消えかかった焚き火を飛び越えると幸運が訪れると言われていました。また、体に煙がかかるように若者たちが焚き火の間近に横たわる風習もありました。もとは悪霊をよせつけないためだったのでしょうが、しだいに勇気の証明として競って熱さに耐えるようになったのです。

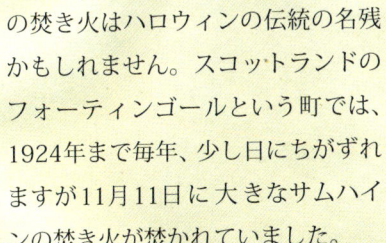

Roaming spirits
さまよえる霊

サムハインは死者の祭りとも言われています。
サムハインの夜には、その年に死んだ人の霊があの世へ旅立つとされ、
家族は食べ物や飲み物を用意し、霊が道に迷わないようにろうそくを灯しました。
また、この世とあの世の境があいまいになって、霊が帰ってくるとも言われました。
そのため、この世に残された家族は、この夜ほんの束の間訪れる霊たちをもてなすのです。

古代ローマ人は秋に果実の女神ポモナに捧げる収穫祭を行っていました。ローマ軍はスコットランドやアイルランドまでは攻め入りませんでしたが、西暦43年にブリテン島を征服しました。ローマ人がケルト人の一部を支配したことで、女神ポモナの収穫祭とサムハイン祭が混じり合ったという説があります。女神ポモナの象徴はリンゴで、頭にリンゴの冠をつけた姿で描かれますが、リンゴは今もハロウィンに欠かせないアイテムです。

サムハインの夜には、妖精や自然界の霊魂もあらわれました。ほかにも、生きているうちに受けた仕打ちに復讐しようとする霊もいました。埋葬地などにあの世と行き来する門が開くと信じられていたのです。

サムハインには、旅人を丁重にもてなす習慣がありました。正体を偽った悪い霊かもしれないので、相手を怒らせないように、寝床や食べ物、飲み物を提供してあたたかく迎えたのです。

悪さをしない霊は、宗教的指導者ドルイドたちが冬の予言をするのを助け、長くつらい季節に希望を与えるとして歓迎されました。

An Irish legend

アイルランドの伝説

神秘的な伝説に彩られたアイルランドのクルアチャンの遺跡での話です。サムハインの日にエリル王とメイブ女王が宴を開いていたとき、エリル王がこんなことを言い出しました。罪人ふたりが吊るされている絞首台の下に行って、死体の足首に小枝を結んでくる者はいないか、と。何人かが挑戦したものの、サムハインの夜にこの世をさまよう悪魔や悪霊が怖くなって逃げ帰りました。

勇敢な若者ネラが挑戦することになり、成功したら褒美に黄金の柄の剣をもらえることになりました。ネラが約束どおり小枝を結ぶと、死体が水を飲みたいと言いました。死者がこの世に戻るサムハインの日だったからです。ネラは死体を背負って、みんなに怖がられながら家々を訪ね歩いて３軒目でようやく水をもらい、また絞首台に戻しました。ネラが褒美をもらおうと宮殿に戻ると、妖精たちが宮殿に火をつけ、人間をみな殺しにしていました。それを見たネラは、妖精の砦へ行き、そこでひとりの娘に出会いました。妖精の娘は「さっき見たのは幻です。ただし、あなたが人間たちに警告しなければ、来年のサムハインの日に同じことが起きますよ」と告げました。ネラは自分の話を信じてもらうために妖精の砦から夏の花を持ち帰り、エリル王たちに警告しました。この伝説の結末は２つあって、１つは、ネラが警告しに帰ったのは１年後で、それまで娘と暮らしたという話。もう１つは、すぐに宮殿に帰って警告し、エリル王が妖精の砦を攻める前に娘を連れて逃げたという話です。どちらにせよ、ネラは自分の使命を果たし、この娘と結ばれたということです。

Hallowmas
ハロウマス

キリスト教が西暦313年にローマ帝国で公認され、
やがて各地に広まると、ケルトの祭りには
さまざまな変化が起こりました。

古くから根づく慣習というのは、なかなか消えないものです。超自然現象や儀式の力を信じる気持ちからか、伝統を愛する気持ちからか、ケルト民族は長い間、秋になると死者の霊を迎えたり将来を占ったりする火祭りを行っていました。西暦601年、教皇グレゴリウス１世はケルトの人々を異教徒と呼び、キリスト教に改宗させようとしました。そのとき伝道師たちに、ケルトの伝統をうまくキリスト教に取り込むよう指示したのです。ケルトの古くからの神々がじつは「悪魔」だと教え、ケルトの神官たちを「悪魔の手先」と呼ぶひどいやり方でした。けれどその後も、何世紀もの間、毎年サムハインの夜に帰ってくる死者を迎える風習は消えませんでした。

西暦609年、キリスト教の教皇ボニファティウス４世は、東ローマ帝国のフォカス皇帝からパンテオン神殿（現在のローマ市にある）をもらい受けると、その年の５月13日にこの神殿を聖マリアとすべての殉教者のための教会としました。古代ローマ帝国の支配下では殉教者があまりに多く、それぞれに記念日を作ることはできなかったので、多くの殉教者がこの日にいっしょに祭られることになりました。それが「諸聖人の日（All Hallow' s Day）」です（Hallow には「聖なる」という意味がある）。ローマでは５月13日が諸聖人の日となりましたが、約百年後に教皇グレゴリウス３世がこの祭日を５月13日から11月１日に移しました。ほかの地域では日にちにばらつきがありましたが、９世紀になると、教皇グレゴリウス４世が各地で11月１日に統一（ただし、東方正教会では昔から春の五旬祭後の最初の

Danse macabre 死の舞踏

中世のヨーロッパには、人はいつか必ず死を迎えることを示した「死の舞踏」という寓話があり、「死」があらゆる階級の者を最期へと導くこの寓話の芝居が、教会、修道院、墓地、個人の邸宅、宮殿などあらゆる場所で演じられました。また、「死の舞踏」を絵に描いたものが、教会や修道院の壁に飾られました。芝居や絵は、読み書きのできない信徒たちに教えを伝える便利な手段だったのです。「死の舞踏」は人々に命のはかなさを伝え、司祭たちは、だからこそ罪深いことはやめて善い行いを、と説きました。

地域によって、子どもたちがオール・ハロウズ・イブに「死の舞踏」の扮装をするところがあります。

日曜日に諸聖人の日を祝います)。異教であるケルトの秋の祭りの代わりにするために、あえてこの日を選んだという説がありますが、偶然の一致だという人もいます。ちなみに、5月13日は偶然にもケルトの「レムリア」という古い祭りの日です。レムリアは死者の霊をなだめる日でした。

二百年後、クリュニー修道院(現在のフランス・ブルターニュ地方)院長のオディロ(1049年没)が、11月2日を煉獄で苦しむ死者のために鐘を鳴らして祈る「死者の日」としました。「諸聖人の日」の翌日にしたのは、聖人が死者を助けてくれると考えたからでしょう。諸聖人の日は「ハロウマス」(またはハロウタイド)とも呼ばれます。そして、徹夜で祈る前夜祭が「オール・ハロウズ・イブ」。名前としては、これが形を変えて「ハロウィン」になったと考えられますが、現代のハロウィンの習慣が、初期キリスト教の行事から来ているのか、古代ケルト民族の儀式からなのかは、わかっていません。

「死者の日」には、帰ってくる死者の霊を導くためにろうそくを灯し、グラス一杯のワインを表に置く習慣がありました(古代ケルト人がサムハインの祭りでしていたことと同じです)。しかし、時代とともに変化し、16世紀の宗教改革のあとは、さまよえる死者の霊は愛する友や家族ではなく、魔女や悪魔だとみなされるようになりました。食べ物や飲み物を供える人たちもいましたが、それは歓迎のためではなく、悪さをしないでくれとなだめるためです。「死者の日」には、ろうそくを灯して行進し、教会の鐘を鳴らし、家や収穫した作物や家畜を邪悪な力から守るために祈って回る人々もいました。

今宵、伝説が真実ならば、
すべての魂が戻ってくる。
真夜中の鐘がやさしく鳴り、
炉の火がまっ赤に燃えるとき、
草生い茂る墓場や骨壷から
悲しげな魂が帰ってくる。

1880年発行の月刊誌『アトランティック・マンスリー』に掲載された作家ローズ・テリー・クック(1827～92)の詩、「オール・セインツ・イブ(諸聖人の日の前)」』より。死者の魂が帰るこの日に愛する人が帰ってくるという内容。この詩から、ハロウィンの日に死者の魂が帰るという言い伝えが19世紀末まで残っていたことがわかる。

Souling
ソウリング

中世以降、ハロウマスの時期には恵まれない人への寄付が行われました。クリュニー修道院の修行僧たちは、「諸聖人の日」に貧しい人々に食べ物を配り、村人たちに死者の霊のために祈るよう呼びかけました。貧しい人々、とくに子どもは、家々の戸をたたき、その家の先祖の魂のために祈りを捧げるかわりに、食べ物やお金をもらいました。このために家々では特別なケーキ、「ソウル・ケーキ（Soul Cake＝魂のケーキ）」を焼く習慣が生まれ、ソウル・ケーキをもらって回ることが「ソウリング（Souling）」と呼ばれるようになりました。「ソウル・ケーキ。ソウル・ケーキ。魂のケーキでキリスト教徒に神のご慈悲を」これは、今も残る物乞いのせりふです。時が経つにつれ、死者の魂のために祈る厳粛な行為に、歌ったり踊ったり詩を読んだりといった娯楽的要素が加わりました。

ソウル・ケーキを焼いて分け与える習慣は、15世紀にはすでにイングランドやヨーロッパの一部にありました。そして、今でもハロウィンにこの伝統が続いているところもあります。今ではソウル・ケーキは、ふわふわの軽いパンから丸いクッキーやビスケットまで、なんでもよくなりました。昔は土地によってさまざまでしたが、だいたいどれもナツメグやオールスパイスやシナモンといった香辛料と干しブドウが使われていて、表面に施し物を表す十字のマークがつけられていました。イングランドの北部ヨークシャーでは、11月5日の「焚き火の夜（ガイ・フォークス・ナイト）」に、ジンジャーブレッドの一種「パーキン」を食べる伝統があります。このお菓子もソウル・ケーキが由来だと言われています。

魂よ、魂よ、魂のソウル・ケーキ
やさしい奥さま、祈るかわりに
ソウル・ケーキにリンゴ、ナシ、
プラムにチェリー
おいしいものを恵んでください

子どもたちがソウリングに行くときに歌う中世の詩

GUISING
ハロウィンの仮装

オール・ハロウズ・イブにソウリングなどに出かけるとき、人々は変装をしました。さまよう霊に出会ったとき、避けたい霊なら自分だとばれないほうがいいからです。霊をだますために聖人や妖精の恰好をしたのが、ハロウィンの仮装の始まりだと言われています。ウェールズやスコットランドでは若者が性別を隠そうと、男が女の、女が男の服を着ることもありました。なかには自分の服を裏返しに着るだけの者もいました。これでは変装になっていませんが、慣習にならうふりをしていたのか、あるいはなにか別の重要な意味があったのでしょうか。ところによっては、ソウル・ケーキなどの食べ物やお金をもらう代わりに、仮装して家々の戸口で勧善懲悪の短い劇を演じることもありました。

ハロウマスは、だれにとっても重要なイベントでした。「諸聖人の日」と「死者の日」は2日とも宗教行事のある祭日で、当時は魔術は本当にある恐ろしいものだと思われていました。それでも、人々にとってハロウマスは大きなお楽しみの日だったのです。

ハロウマスの変装は一時すたれたのか、ずっと続いていた地域もあるのか、そのあたりは定かではありませんが、19世紀末のスコットランドでは変装は広く行われていました。子どもたちは妖精などの扮装をし、カブをくり抜いて中にろうそくを立てたランタンを手に、ケーキやナッツやリンゴやお金をもらいに家々を訪ねました。まず詩を読みあげたり、歌を歌ったり、ジョークを言ったり、ちょっとした芸をするのが決まりでした。ハロウィンの仮装は今もスコットランドで続いていますが、芸を見せてごほうびをもらう慣習はなくなり、今はアメリカ式の「トリック・オア・トリート（お菓子をくれなきゃいたずらするぞ）」に似たやり方になっています。

ヴィクトリア女王(1819—1901年)がスコットランドのバルモラル城を訪れたときのこと。ハロウィンの大きな焚き火がたかれ、年老いた魔女シャンディー・ダンの人形を焼く儀式が行われました。人形はバグパイプを演奏する民族衣装の男たちや、妖精の扮装をした人々に見守られながら地面を引きずられ、最後は火に投げ入れられました。見物人は歓声を上げ、妖精たちは闇へ消えていきました。お祭り騒ぎはその後も続き、ヴィクトリア女王もハロウィンを大いに楽しんだそうです。

アイルランドの一部の地域に、仮装したグループが馬の頭の飾りをつけた棒を持って家々をまわる習慣があります。それぞれの家の前で詩を読み、歌を歌って、馬の神マック・オラを連れてきたお礼として食べ物をもらうのです。この馬の神が訪ねてきた家は、翌年幸運に恵まれるとされました。ウェールズ地方では、ハロウィンではなくクリスマスに馬の神マリ・フルイドを迎える風習があります。

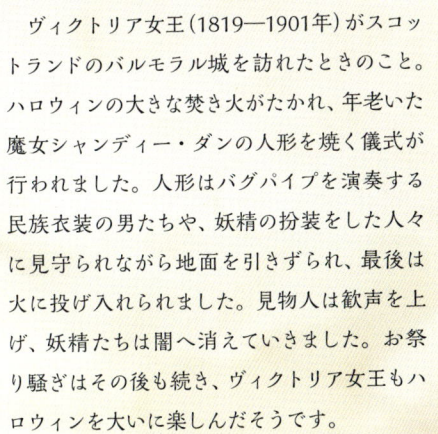

An American holiday
アメリカのハロウィン

**アメリカには地域によってさまざまな秋の祭りがあるというのに、
ハロウィンは国じゅうで多くの人に熱心に祝われていて、
経済効果でもクリスマスに次ぐ第2位となっています。それはなぜでしょうか？**

アメリカは移民の国とも言われますが、移民たちは生まれ育った国の習慣や伝統をアメリカに持ちこみました。10月31日のオール・ハロウズ・イブもそのひとつです。当初オール・ハロウズ・イブは、清教徒が移住したニューイングランド州では定着しませんでした。清教徒は厳格なプロテスタントで、遊びのような祭りを嫌ったのです。しかし、南のほうの州ではハロウィンを祝うところもありました。歌ったり踊ったり、物語を語ったり占いをしたり――けれど、現代と比べると地味で控えめなものでした。

ハロウィンが急激に広まったのは19世紀中ごろ。アイルランドやスコットランドからの移民が増えた時期のことです。スコットランドは18世紀から19世紀初めにかけて深刻な不況に襲われ、小作人たちが地主に追い出され、やむなくカナダやアメリカに移住しました。やがて、失業した職人たちも将来への希望を胸につぎつぎと新天地にやって来ました。

アイルランドでは、主食だったジャガイモの疫病によって飢饉が起きましたが、税金が高く、まともな救済措置も取られなかったため、ほんの2年ほどの間に何百万人もが母国を離れ、新世界アメリカへと船出しました。

こうしてアイルランドとスコットランドから移民が大挙してやってきたことで、ハロウィンは一気に広まりました。アメリカ人は古い祭りだったハロウィンの楽しさに気づき、もろ手をあげて受け入れたのです。

balloon ghosts
ふうせんの幽霊

ハロウィンパーティーには幽霊が欠かせません。
風船を使った簡単な幽霊の作り方をご紹介します。
風船に白い布をかぶせて、黒い厚紙で顔をつけるだけ。
庭や玄関先に結んで、トリック・オア・トリートにやって来る
子どもたちを歓迎しましょう。

用意するもの

白い風船
白いリボン
150cm四方の白いモスリンの布
（幽霊１体につき）
はさみ
約15cm四方の黒い厚紙
えんぴつ
接着剤

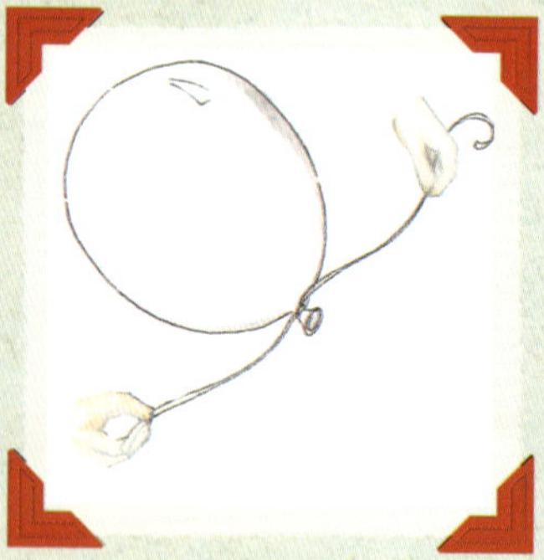

1

風船をふくらませる。
幽霊をつるす場所を考えて
リボンの長さを決め、
風船の口に結ぶ。

2

布を四つ折りにして、
布の中央に小さな
穴があくように、
角をはさみで切る。

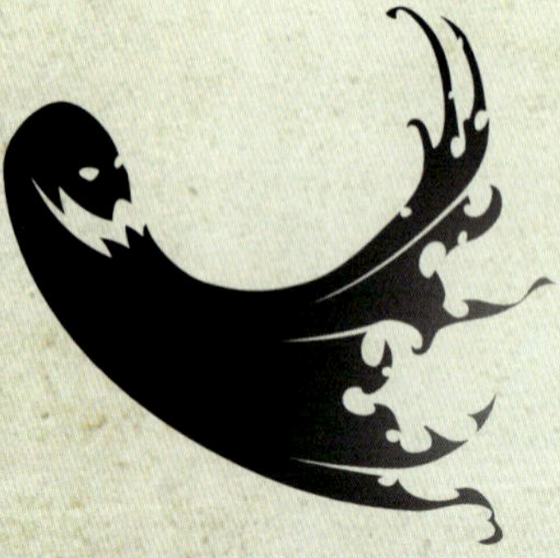

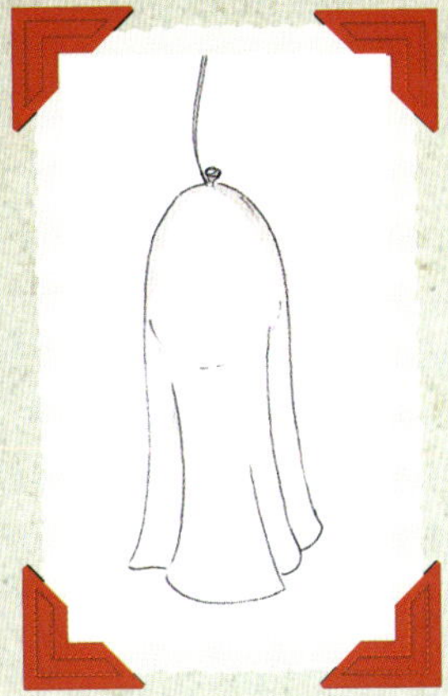

3
布を開いて
穴にリボンを通し、
風船に布をかぶせる。

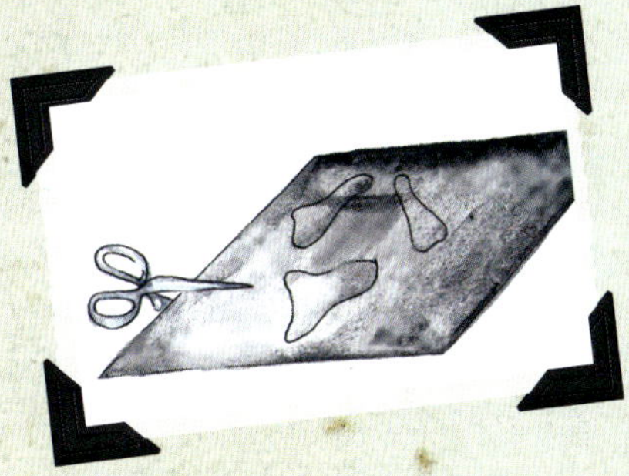

4 厚紙に目と口の下書きをし、
はさみで切り抜く。

5 風船にかけた布に、目と口を
接着剤でしっかり貼りつける。
表情のちがう幽霊を何体も
作ってリボンでつるす。

信じられないかもしれないけれど
オール・ハロウズ・イブには
お楽しみがたくさん
リンゴをぷかぷか浮かせて
ナッツを暖炉の台にのせて
指輪と指ぬき入りのケーキを作ろう

キャロリン・ウェルズ（1862–1942）作家・詩人

chapter 2

2章

OLDFANGLED CELEBRATIONS

アメリカのハロウィンの祝い方

PARTIES
パーティー

中世のヨーロッパで神秘と謎に満ちていたハロウィンは、
19世紀のアメリカでは過去を回想する機会となり、
時を経た今ではにぎやかなイベントになっています。
みんなが怖がっていたのも、どれもにせもの。
怖い思いをするもの楽しみのうちです。
いまだに迷信を信じて、悪霊を避けるおまじないとして
指をクロスさせる人もいますが、怖いものが嫌いなわけではありません。
とくに子どもたちは怖いものに夢中です。

Celebration and revelry
パーティーの演出

ルース・エドナ・ケリー著“The Book of Hallowe' en”（1919年）は、
アメリカのハロウィンの参考書として有名ですが、その本に
「ハロウィンパーティーは、古代の陽気な祭りの名残である」と書かれています。
20世紀の初めには、華やかな舞踏会から子ども向けのパーティーまで、
さまざまなハロウィンの催しが行われていました。
とくに上流階級の人々はハロウィンを積極的に楽しんでいたようです。
アイルランド系やスコットランド系の人々は古い伝統を守ろうと、
ディナーとダンスで祝うスタイルを続け、スコットランドの詩人
ロバート・バーンズの書いた「ハロウィン」（1785年）という詩が好んで朗読されました。

19世紀中ごろにアイルランドやスコットランドからアメリカに渡った多くの移民が、スコットランドの伝統をうたったロバート・バーンズの詩をもとに、ゲームやおまじないでハロウィンパーティーを楽しむようになりました。こういった伝統的なハロウィンパーティーはアメリカ全土に浸透していきましたが、アメリカの人々はその由来までは理解していなかったことでしょう。

ゲームが終わると、みんなで円になって、幽霊話やぞくぞくするような不気味な話を語り合いました。そばに炎がゆらめいていれば雰囲気も盛りあがります。だれも幽霊や魔女が本当にいるとは思っていなくても（中にはいるかもしれませんが）、暗がりの中で幽霊話を聞くと、ひょっとして本当にいるのかも……という気になるものです。

食事の後、テーブルから食器を下げて、
ハロウィンの飾りとろうそくだけを残し、
アルコールと塩を入れた大皿に火をつけてテーブルの中央に置きます。
不気味な炎をみんなで囲み、ろうそく以外の明かりをすべて消して、
お客さんに怖い話をしてもらいましょう。話のクライマックスになると、
ぴたりと話を止めて隣の人に交代するのが決まりです。
各自が怖い雰囲気を盛りあげながら語っていきます。

ミセス・ハーバート・B・リンスコット著 “Bright Ideas for Entertaining”《おもてなしの素敵なアイデア》（1905年）より

ルース・エドナ・ケリーの本には、
こんなバリエーションが載っています。
「おまじないが終わったあと、小枝の束をみんなに配り、
塩とアルコールに火をつけた不気味な灯りのまわりで幽霊話をします。
自分の小枝の束に火をつけて話しはじめ、
小枝が燃え尽きるまでに話を終わらせるのがルールです」

ルース・エドナ・ケリー著 “The Book of Hallowe' en”《ハロウィンの本》（1919年）より

個人の家のハロウィンパーティーに招待されたら、だれにも言わずにこっそり行くのがお決まりでした、みんなそれぞれに仮面をつけ、幽霊や魔女や妖精の仮装をして集まるのです。楽しい生活を提案したミセス・リンスコット著の "Bright Ideas for Entertaining"《おもてなしの素敵なアイデア》(1905年)という本 には、ハロウィンでは形式にとらわれずに、風変わりなことをしたり、謎めいた仕掛けをしましょう、と書かれています。飾りつけや飲み物・食べ物は奇妙で不気味なほうがよく、会場はだだっ広くて薄暗い納屋や屋根裏部屋が理想です。

この本の中でミセス・リンスコットは、伝統的な収穫祭の要素を取り入れた飾りつけを提案していますが、ハロウィンの飾りにお金をかける必要はないと書いています。彼女が勧めるのはこんな飾りつけです——大きな花瓶にシダとキクを活ける。傘立てに綿毛の植物や色づいた木の葉を飾る。壁には、木の実、麦の束、クランベリーの実をつないだ鎖などの花綱を飾る(木の実やクランベリーはテーブルセッティングのアクセントにも)。

また、ミセス・リンスコットは部屋にろうそくやジャック・オー・ランタンを灯して不気味さを演出し、占いやゲームや幽霊話をすることを勧めています

ルース・エドナ・ケリーも『ハロウィンの本』の中で、収穫祭風の飾りつけに怖い雰囲気をプラスするために、ネコ、コウモリ、フクロウ、ほうきに乗った魔女、幽霊、どくろ、十字の骨などを飾るよう提案しています。

1930年代ごろには外で仮装パレードをする習慣が定着しましたが、家庭でのパーティーもまだ人気がありました。多数の料理書で人気を博したイーダ・ベイリー・アレンは、1932年に出した本の中で、幽霊パーティーの楽しみ方を提案しています。パーティーの招

暗い季節を華やかなものにする秋の宴は、大量の移民がやってくる前のアメリカでも各地で行われていました。収穫を祝う祭りなので、まずその年に収穫した食料を保存します。そして音楽、ダンス、占い、ゲームを楽しみ、飲んだり食べたりして誰もがにぎやかに過ごしました。

待客に幽霊の仮装で来るように伝えておき、暗い部屋に招き入れます。そして、握手のときに差し出すのは、砂をつめて濡らした手袋！　それを握れば、だれもがぎょっとしたことでしょう。

　第二次世界大戦直後のハロウィンパーティーは、おもに子ども向けのものでした。ハロウィンの楽しさを知った子どもたちが成長して大人になり、1980年代ごろからは大人もハロウィンを楽しむようになりました。仮装して子どもたちのトリック・オア・トリートについて回ったり、その後にバーやレストランや自宅でパーティーを開いたりするようになったのです。

Robert Burns

ロバート・バーンズ
（1759－1796年）

スコットランドの国民的詩人と呼ばれ、スコットランド民謡の収集にも力を入れた人物です。

PRANKS
ハロウィンのいたずら

ハロウィンの風習が定着すると、
ハロウィンはいたずらをする恰好のチャンスになり、
若者たちは競うようにいたずらをしました。
1887年のニューヨークタイムズ紙に、
米国ペンシルバニア州にあるラファイエットカレッジで
学生たちが大がかりないたずらを仕掛けたという
記事が載っています。
「今朝のチャペルの鐘はやけに響きが悪かった。
鐘の舌がなぜか行方不明になり、鐘の舌の代わりに
ハンマーで鐘を打ったからだ」
鐘の舌だけではなく、梯子とチャペルの讃美歌の本が
地面の穴の中に置かれ、ダンベルとテニスのネットが隠され、
チャペルの鍵穴に溶かした鉛が詰められていました。
なんとも愉快なのは、
「カレッジの馬がマッキーン講堂の1階で一晩過ごした」
ことです。学生たちがどうやって
老いぼれ馬を講堂に連れこみ、翌朝また出したのか、
はたまた馬の落し物の後始末はどうしたのか、
新聞にそこまでは書かれていません。

Hallowe'en

当然ながら、笑い話では済まない悪質ないたずらもありました。そのため1912年にボーイスカウト団体が中心になって「ハロウィンを安全に祝おう」と呼びかけました。学校には「節度あるハロウィンを」というポスターが貼られましたが、いたずらは後を絶ちません。見物人たちはいたずらをおもしろがっていたし、仕掛ける本人たちにとっては最高の娯楽だったのです。けれど、迷惑がっている人たちもいました。1927年にカナダのアルバータ州で、こんな新聞記事が載りました。「ハロウィンのいたずらはわれわれに骨の折れる楽しみをもたらしてくれる。大通りの“飾り”にされてしまった車輪や門や荷車や樽を取り返しにいく人々には気の毒な話だが、実害はないと言えるだろう」

A joke that misfired
危険なジョーク

アメリカの国会議事堂で起きた、ハロウィンのいたずらが原因のとんでもない事件の話です。1885年10月31日の夜、ひとりの新米の警官が暗い議事堂内をパトロールしていました。途中まではなにごともなかったのですが、彫像の並ぶホールに入ると、片すみからうめき声が聞こえてきました。おそるおそる近づいて行った警官が見たものは、いや、見たと思いこんだものは、なんと幽霊だったのです。これは撃つしかありません。警官は銃を抜き、幽霊に向かって発砲しましたが、幸いにも弾はそれました。じつは、その「幽霊」は新米警官を怖がらせようと変装した先輩警官だったのです。この話は国会議事堂史に載っていますが、その後ふたりの警官がどうなったかは記録が残っていません。

よくいたずらの標的にされたのが門です。よその門をこっそり取り外して、納屋の屋根の上など意外な場所に置いておくのは、とてもおもしろかったのです。また、門をべつの家の門と交換するのも愉快だったので、あちこちで流行り、ハロウィンは「ゲイト・ナイト（門の夜）」とも呼ばれました。

いたずらのアイデアはいくらでも出てくるもので、ドアをノックしておいて隠れたり、ドアのベルを壊したり、ノッカーを取りはずしたり、溶かしたろうそくでノッカーを固めたりすることもありました。窓に泡立てたせっけんを塗りつけて曇らせたり、生卵を投げつけたりするのも、みんなが大好きないたずらでした。荷車を勝手に運んで、通りやどこかよその前庭に放置することもありました。ときには屋根の上に運びあげるつわものまでいたのです。

門を持ち去るなど、ハロウィンにつきもののいたずらは、たいてい火曜日の夜に行われました。男の子だけでなく女の子も参加しました。あちこちでおもしろい騒動が起きるのが当たり前になり、いたずらの被害者たちはこの習慣をすんなり受け入れて、水曜日におとなしく自分の物を探しにいったそうです。

世界で初めて女性参政権が確立したワイオミング州では、昔から女の子たちに勢いがあったようで、1911年の同州の週刊誌に、「3、40人の若い女性たちが、声をかけてきた警官をロープで電信柱に縛りつけようとした」と書かれています。今の時代にこれをやったら大変なことになりますね。

ハロウィンパーティーは、いたずらをしそうな子たちを通りから遠ざけておく手段のひとつでした。「男の子たちはハロウィンの夜になにかほかに楽しいこと——たとえば、ジャック・オー・ランタンを飾って紙の帽子をかぶる、にぎやかなパーティーなど——があったら、物干し台を持ち去ったり門を外したりといったひどいいたずらをしなくなることでしょう」と、アニー・グレゴリーは“The Blue Ribbon Cook Book《ブルーリボン料理本》”（1901年）の中で述べています。

カブをくりぬけ　膀胱をふくらませろ
パチンコと石を持ってこい
こっちは窓に　あっちはドアに
やり方ならゴマンとあるぞ
この楽しき祭日に
汝、いたずら小僧となれ

ジョージ・バット師の詩“Ode to Fun”《楽しみの歌》（1789年）より

「膀胱をふくらませろ」のところは、ブタの膀胱をふくらませてボールがわりにすることを指しているのかもしれませんが、もしかしたら自分の膀胱かもしれませんね。いっぱいためてから、近くに居合わせた気の毒な人たちにかけてまわったのかも……。時代がくだってからも、子どもたちは風船に水を入れて同じようないたずらをしたものです。それにしてもパチンコで窓に石をぶつけたとは、ガラス入りの窓ではなかったことを祈りたいところです。

Mischief Night
いたずらの夜

「いたずらの夜」がハロウィン当日を
指すところもあれば、その前夜を
指すところもありました。
この呼び方がどこで始まったのか
定かではありませんが、
おそらくイギリスのヨークシャーだと
思われます。ヨークシャーの南にある
オックスフォード大学に
「『楽しみの歌』（前ページ）は、
いたずらの夜に子どもたちがする
悪さに対して最高の賛辞を送って
いる」と書かれた記録があります。
もともと「いたずらの夜」は
ハロウィンとは無関係で、
メーデー前日の4月30日に行われる
田舎の行事でした。しかし、
産業革命によって田舎から町へ
多くの人が移動したことによって、
ガイ・フォークス（1605年に国王と議
会を爆破しようとした未遂事件の
首謀者）の身代わり人形を焼く
儀式がある「焚き火の夜」の前日、
11月4日に移動したと言われています。

産業革命の時期、ヨークシャーから多くの人がアメリカに移住しました。機械化で職を失った職人たちは家族を連れてアメリカ北東部のペンシルバニア州やロードアイランド州に固まって定住し、「いたずらの夜」の慣習を持ちこみました。それがアイルランド人やスコットランド人が持ちこんだハロウィンの仮装の風習と一緒になったと考えられます。

「いたずらの夜」は地域によって呼び方がちがい、「悪さの夜」、「おっちょこちょいの夜」、「物乞いの夜」（トリック・オア・トリートと関係がありそうです）などとも呼ばれます。窓にせっけんを塗りつけたり、ドアにチョークで落書きしたり、生卵をぶつけたり、トイレットペーパーを庭の樹木に巻きつけたり、ドアのチャイムを鳴らして逃げたりといった、ハロウィンならではのいたずらがあちこちで起きる日なのです。アメリカ中西部では、トウモロコシの皮をよその家に投げつけるいたずらがあったので、「コーン・ナイト」という名前がありました。アメリカ北東部ではトウモロコシではなくキャベツが使われたので、「キャベツの夜」と呼ばれていました。

高度ないたずらをするには、大胆さだけでなく努力も必要でした。1890年ごろアメリカはコロラド州のグランドジャクションという町で、覚悟を決めた若者たちが重い荷車を分解し、はしごを使って高さ24メートルの鉄製の給水塔の上に運びあげて組み立て直しました。翌日、給水塔の持ち主は困ってしまい、たまたま通りかかった若者たちにお金を払って荷車を降ろしてもらいました。なに食わぬ顔してお駄賃をもらったのは、もちろん前夜のいたずらの張本人たちです。努力が報われたというわけですね。

その後、荷車を分解して意外な場所で組み立てるといういたずらは各地で流行りました。だれかがやったら真似したくなるものです。24メートルの給水塔に上げるのはさすがに大変ですが、家の屋根の上に運びあげられた話はあちこちで耳にします。

1927年、カナダの新聞に「ハロウィンのい

たずらはわれわれに骨の折れる楽しみをもたらしてくれる」と書かれたころには、いたずらと器物損壊の境界ははっきりいていたはずですが、その後いたずらがエスカレートして悪質な行為になることがありました。他人の所有物を壊したり、消火栓を開けたり、荷馬車に火をつけたり――というのは、明らかにやり過ぎです。アメリカのミネソタ州では、いたずらで放された家畜の牛が通りをさまよっているのが発見されたこともあります。

H．G．ウェルズ作の『宇宙戦争』をもとに作られたラジオドラマが、1938年10月30日のアメリカでハロウィンの特別番組として放送されましたが、あまりのリアルさに、多くの人が生放送のニュースと勘違いし、全米でパニックが起こりました。本当にアメリカが宇宙人に襲撃されていると思いこんだのです。放送後、主演のオーソン・ウェルズはこう説明しました。

「みなさん、オーソン・ウェルズです。ご安心いただきたいのですが、『宇宙戦争』はハロウィンの特別番組として作られたフィクションです。白いシーツをかぶった幽霊が飛びだしてきたようなものだと思ってください。わたしたちはひと晩のうちにリスナーのみなさん全員の家で窓にせっけんを塗りつけたり門を盗んだりすることはできません。ですから、代わりにこんなドラマを作ったのです。みなさんの耳元で世界が全滅してしまいましたが、ご安心ください。あれは現実の出来事ではありません。あなたのリビングルームに現れた不気味な侵略者の正体はハロウィンのカボチャです。もしドアのチャイムが鳴って誰もいなかったら、火星人の仕業だなんて思わないでください。ハロウィンなんですから」

Parades
パレード

ハロウィンのパレードやカーニバルなど町の催し物は、
若者たちのいたずらがエスカレートして反社会的な行動に走るのを防止するために、
お役人たちが考え出したのかもしれません。そうだとしたら、思惑は当たったと言えるでしょう。
ほかの楽しみが提供されたことで、悪質な破壊行為は減ったのですから。

アメリカのミネソタ州アノーカは、大々的な行事を主催した最初の市のひとつでした。1920年に、地域の音楽隊やさまざまな団体が、警察、州兵、消防の代表や何百人もの子どもたちと一緒に町を練り歩きました。パレードに参加した子どもたちはみんなキャンディーやナッツ、ポップコーンをもらい、最後は盛大な焚き火を囲んで大パーティーになりました。初回のイベントが大成功をおさめたので、その後は昼と夜の2回パレードが行われることになりました。そのほか、「パンプキン・ボール」と題するアメリカンフットボールの試合や、窓や家の飾りつけコンテスト、枕投げ大会、仮装コンテスト、コンサート、お話し会、花火などが行われています。アノーカのパレードは1920年以来、大戦中の1942年と1943年を除いて毎年開催されています。

その後、ほかの都市もアノーカの例をならいはじめました。ペンシルバニア州のアレンタウンでは、1905年から小規模なハロウィンパレードを行っていたようですが、1920年代に規模を拡大しました。ニューヨークシティは1923年にハロウィンのカーニバルを始め、1936年にはセントラルパークにある有名な並木道ザ・モールに会場を移しています。1939年にはニュージャージー州ニューアークでもパレードが行われ、30万人を超える人が集まりました。このアイデアは全米に広まり、10月31日は国を挙げてのハロウィンパーティーの日になったのです。今でもニューヨークの恒例行事であるヴィレッジ・ハロウィン・パレードは、毎年何万人もの参加者と観客が集まる大イベントです。人形使いが大きな棒あやつり人形を巧みに操作し、凝ったデザインの山車が生バンドを載せて練り歩きます。仮装をした人、フェイスペイントをした人、みんな派手さを競っているようです。

カリフォルニア州アナハイムといえば、ディズニーランドの町として有名ですが、1920年代初めは農業の町でした。当時、エスカレートするハロウィンのいたずらに、住人たちはうんざりしていました。そこで1923年に、この流れを食い止めるため、市を挙げてハロウィンフェスティバルを開催することになりました。作戦は大成功！　翌1924年には、夜のパレードも行われるようになりました。そのパレードを先導したのは、野球のスーパースター、ベーブ・ルースとウォルター・ジョンソンです。それ以来毎年パレードが行なわれ、拍手喝さいを浴びています。ウォルト・ディズニーは1953年にこのパレードのスポンサーになりました。その2年後に世界で最初のディズニーランドをアナハイムでオープンさせたディズニーは、絶好の宣伝の場を得たことに感謝したでしょう。

Hallowe'en capital
ハロウィンの都

ミネソタ州アノーカは自称「世界一のハロウィンの都」ですが、マサチューセッツ州のセイラムも「ハロウィンの都」として名乗りをあげています。セイラムは魔女裁判で（多くの無実の人を魔女だとして投獄した）有名な町ですから、皮肉な話です。けれど、魔女裁判の歴史は観光客をこの町にひきつけていて、特にハロウィンの時期は人気が高まります。

Haunted Attractions and Midnight Horror Shows
ホラーアトラクションと真夜中のホラーショー

「肝試しに行こう！」という声が10月の終わりにはあちこちで聞かれます。
ハロウィンのホラーアトラクションの起源は定かではありませんが、
幽霊屋敷や霊体験、幽霊の出る森の散策やトウモロコシ畑の迷路など、
さまざまな商業アトラクションが1970年代から登場しています。
今では、ハイテクなものや、募金のためのアトラクションも見られます。
楽しいハロウィンのお祭りで、ちょっと怖い思いをしたくて、みんなお金を払うのです。

1930年代や1940年代、ハロウィンパーティーを開く人たちの間では、幽霊屋敷のような不気味な雰囲気を作るのが流行りでした。奇抜で気味の悪い装飾でパーティー会場を飾り立てて、子どもたちをドキドキさせたり怖がらせたりするような仕掛けを作りました。たとえば、目隠しをした子どもに、指をオレンジにつっこませて「これは目だよ」と言うとか——。

仕掛けは年々凝ったものになりましたが、子どもたちも親もなにが起きるかだいたいかわかっていたにちがいありません。けれどトリック・オア・トリートでは、気が小さい子どもは明るく迎えてくれる家だけを訪ねていたことでしょう。

同じころ劇場では、特殊効果を使って観客を驚かせるマジシャンや霊能者のショーが行われていました。ハロウィンの時期には、ショーの後に白黒のホラー映画が上映されました。ホラー映画はこの時代に確立されたジャンルです。とくにハロウィンには、19世紀のゴシック小説を題材にしたものが人気でした。

Horror movies
ホラー映画

ハロウィンのお楽しみにぴったりの
怖い映画をご紹介します。
できれば白黒のオリジナル作品でどうぞ。

ジキル博士とハイド氏
(1920)

吸血鬼ノスフェラトゥ
(1922)

オペラ座の怪人
(1925)

魔人ドラキュラ
(1931)

フランケンシュタイン
(1931)

ミイラ再生
(1932)

月光石
(1933)

黒猫
(1934)

フランケンシュタインの花嫁 (1935)

大アマゾンの半魚人
(1954)

ハリー・フーディーニ

脱出王として有名な奇術師フーディーニは、鎖、足かせ、手錠、拘束服をつけて木箱に入り、釘でふたをされた状態から脱出して、人々を驚かせました。箱ごと水中に沈められて脱出したこともあります。また、超能力者や霊能者のいんちきをつぎつぎと暴露して話題になりました。フーディーニは今も高度な脱出技の代名詞になっていますが、1926年のハロウィンの日に腹膜炎で亡くなりました。

やがて、舞台でもスクリーンでも特殊効果がよりグロテスクになっていき、「真夜中のホラーショー」として夜遅くに観るものになりました。1960年代ごろにはこういった不気味なショーは人気が衰え、あまり行われなくなりましたが、ハロウィンにホラー映画を観る風習は今も続いています。

haunted house lanterns

幽霊屋敷のランタン

幽霊屋敷を作って、内側に不気味な灯りを仕掛け、ハロウィンの雰囲気を盛りあげましょう。
これをいくつも並べるのもお勧めです。サイドテーブルや窓台など、
ちょっと怖さをプラスしたい場所に飾ってください。ゆがんだ窓に木切れを貼りつければ、
古い家の感じが出ます。灯りには電池式のキャンドルを使います。
本物の火は危険なので、ぜったいに使わないでください。

用意するもの

- 138ページの型紙
- えんぴつ
- はさみ
- 灰色の厚紙
（1軒につき45×25cm 1枚）
- カッターナイフと下敷き
- 金属の定規
- 黒い厚紙
（1軒につき20cm四方）
- のり
- オレンジ色の薄紙（10×11cm）
- アイスキャンディーなどの木の棒
- 穴あけパンチ
- 電池式のキャンドル

1 138ページの型紙を使って灰色の厚紙に家の表と裏の形をかいて切りとる。窓とドアの位置は切り抜いておく。きれいに切るには、金属の定規とカッターナイフを使うと便利。小さい家も作る場合はサイズを変えて同様に切る。

2
型紙を使って、
黒い厚紙で窓とドアを切る。

3 黒い窓とドアを、
灰色の壁にのりで貼りつける。
はがれないように
しっかり貼ること。

4

オレンジ色の薄紙を
10×11㎝に切って、
窓の内側に貼る。

5

家の壁の折り線に
カッターナイフで筋をつけ
（切り離してしまわないよう
に注意）、線に沿って
折ってから、のりしろの
部分にのりをつける。
家の表と裏を貼り合わせる。

6

型紙を使って、黒い厚紙で細い板を何枚か切り、
家の表に組み合わせて貼って、ゆがんだフェンスを作る。
アイスキャンディーの木の棒を4㎝の長さに切ったものを2本作り、
窓やドアをふさぐように貼りつける。
同様に、型紙を使って黒い厚紙でコウモリとクモを切り、家の表に貼る。

7

型紙を使って黒い紙で屋根を作る。ふちをまっすぐに切ったり、ジグザグに切ったり、半円にパンチで穴をあけたり、いろいろな屋根を作って。3軒の家を並べるなら、それぞれちがう形にしてもOK。

8

屋根の折り線にカッターで筋をつけて、折り曲げる。

9

型紙を使って煙突を切り、線に沿って折ってから屋根に貼りつける。家の中に電池式の灯りを入れて、上に屋根をのせる。

cobweb tablecloth

クモの巣のテーブルクロス

テーブルをハロウィンらしく飾りつけると、パーティーの雰囲気が盛りあがります。
まずはテーブルクロスから始めましょう。手頃な値段のモスリンの布がクモの巣に早変わり。
黒い布の上にかけるとよく目立ちます。大きな子はクモの巣作りを喜んで
手伝ってくれるでしょう。布をやぶって褒められる機会なんてなかなかありませんから。
小さな子には、葉っぱや小枝を集めてテーブルに散らすのを手伝ってもらいましょう。
緑のものがテーブルに加わると、昔ながらのハロウィンの雰囲気が出ます。

用意するもの

テーブルにかけて
床につく大きさの黒い布

テーブルの半分の高さまで
たれさがる白いモスリンの布

布切りばさみ

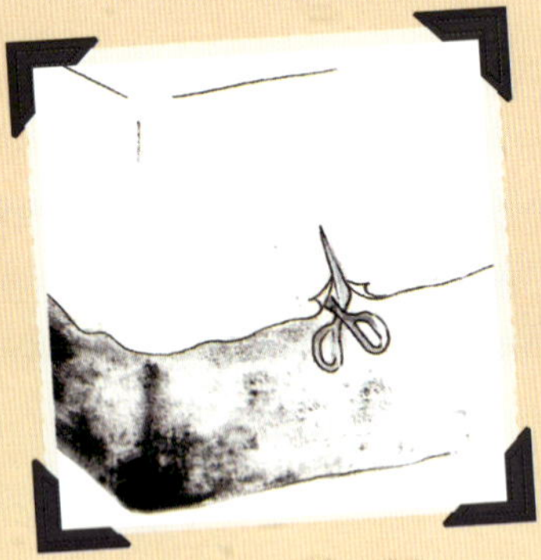

1

テーブルに黒い布をかける。端を切り落としてほつれやすくした白い布を黒い布の上からかけて、テーブルの高さの半分くらいまでたれさがるようにする。白い布の下にはさみで切り込みを入れる。

2

白い布の切り込みの両端をしっかり持って引き裂く。

3 裂け目の一部にはさみで
さらに切り込みを入れ、
切れ目から糸を引きだして、
よれた感じにする。

4
はさみで白い布に
適当に穴をあける。

5 穴のまわりを引き裂いてボロボロにする。
ランダムに布を切ったり引き裂いたり
穴をあけたりしながら、テーブルを一周する。

Front-porch and yard decorations

玄関先や庭のデコレーション

最近はハロウィン用バルーンなど、
庭に飾るハロウィングッズがたくさん出回っていて、
精巧につくられたコンピュータ制御で動く人形まで見られます。
でも、1990年代以前はハロウィンの装飾はほとんどが手作りで、
外よりも家の中の飾りが多かったのです。

玄関先や庭を飾る風習は、仮装した子どもたちがお菓子をもらいに近所の家を回る「トリック・オア・トリート」とともに発展したと考えられます。きっとだれかが始めたのを見て、近所の人たちが真似して広まったのでしょう。

長年ハロウィンの主役だったカボチャのちょうちん、ジャック・オー・ランタンは、今も欠かせないアイテムです。そのほか、ハロウィンを収穫祭として祝いたい人はかかしやトウモロコシの束や木の実やリンゴの山を、不気味さを楽しみたい人は魔女や黒猫やクモやコウモリを飾ります。

Here's a SCARY MASK
HE HAS GONE
REST IN PEACE

Scarecrows
かかし

収穫のシンボル、かかしも、
ハロウィンを盛り上げるアイテムのひとつになっています。
かかしは畑を守るものですが、庭のかかしは家を守ると言われています。
かかしの歴史は古代ギリシアやローマまでさかのぼり、
日本でも昔からかかしが作られていました。
きっと今のかかしとはちがう形だったことでしょう。

昔、アメリカ先住民には鳥を追い払う役割の人がいました。見張り台にすわって、鳥が畑に降り立つと、大声で叫んでおどかすのです。ヨーロッパから渡ってきた入植者たちは畑の見回りをして、大声で叫んだり、腕を振りまわしたり、石を投げたりして鳥を追い払いました。1620年にイギリスから移住した清教徒の人々は、肥料にするため魚を畑に埋めたので、においにひかれてお腹をすかせた動物たちもやってきて、鳥や動物を追い払うのが大事な仕事になりました。

アメリカでかかしを使う習慣ができたのは、19世紀末ごろだと考えられます。アメリカ南西部には、だれが一番奇抜で怖いかかしを作るか競う子ども向けのコンテストがありました。ゲルマン系移民がペンシルベニア州で広めたかかしは、木の棒を十字に組んで古着を着せ、藁をくるんだ布やモップの先を頭に見立てて、麦わら帽子をかぶせたものです。最近のハロウィンでは、こんな昔ながらのかかしに、カボチャの顔をのせたものがよく見られます。かかしは第二次世界大戦ごろまではあちこちの畑で活躍していましたが、農薬が使われる時代になって役目を終えました。今では年に一度、ハロウィンの時期だけに、アメリカじゅうにたくさんのかかしが現れるのです。

Vintage Spookiness

昔ながらのおばけの飾り

テーマを決めて庭の飾りつけをするのも、
ハロウィンの楽しみです。
ハロウィンらしさを演出するには、シンプルが一番。
ここでは、昔ながらのちょっと
不気味な雰囲気を作りだす方法をお教えします。

おばけだぞ!

Boo!

「Boo」《おばけだぞ》カード（おばけの絵のカード）を贈る習慣は、起源ははっきりしませんが、20世紀の初めからあったようです。最近では近所の2軒の家の前に、Boo!カードや詩を書いた紙を添えたちょっとした贈り物を匿名で置くことになっています。それをもらった人はほかの2軒に同じことをします。これがあたり一帯に広まっていくというわけです。こんな遊びが昔から続いているなんて、おもしろいですね。

* ジャック・オー・ランタンは、ハロウィンには欠かせません。玄関先に置いて明かりの消えた窓をぼんやり照らしたり、小道沿いに並べたり。1つだけでも、たくさん作ってもいいものです。

* 玄関ドアや庭の木に、作り物のクモの巣やおばけのマントをかけて、厚紙を切って作ったコウモリやフクロウ、黒猫、魔女、クモ、どくろなどを飾りましょう。巻末に簡単に作れる型紙が載っているので、ぜひ手作りしてみてください。

＊ひょうたんやカボチャ全体に白いペンキ塗って乾かします。そのあと黒いペンなどで目と鼻と口を描きます。歯をつけてもいいですね。怖い顔にするのも優しい顔にするのも、あなた次第。できあがったものを玄関まわりにいくつも置けば、雰囲気づくりはバッチリです。

＊イメージをふくらませてオリジナルの看板を作り、家の前の人目につく場所にかけましょう。まずは看板にする板を用意します。古い棚板でも厚紙でも大丈夫。その上にグレーや黒やオレンジなどペンキを塗っていきます。デザインはハロウィンのカードを参考にするといいでしょう。メッセージは、「なにが起きても知らないよ！」、「運命はあなた次第」、「気をつけて！ おばけがいるよ！」など見る人をドキッとさせるような言葉でも、「お菓子がほしい子はノックしてね」や「ハッピー・ハロウィン！」など歓迎の言葉でも。

＊風変わりな西洋の墓石を庭の木の下や茂みに置くのもハロウィンらしい演出です。手作りする時間がない人のために、発泡スチロールでできたハロウィン用の墓石を販売するお店もあるようです。

＊家の中では、薄明かりをつけた窓辺に白いシーツを幽霊らしく見えるように飾り、お菓子をもらいに来た子どもたちを怖がらせましょう。

＊明かりを消した部屋でテレビを窓の外に向けて、白黒のホラー映画を流してみませんか。ハロウィンの怖い映画を47ページにリストアップしてあります。

＊オレンジや紫や白の電球のイルミネーションは、現代ならではのアイテムですが、ハロウィンの雰囲気をもりあげるには最高です。

JACK O' LANTERNS
ジャック・オー・ランタン

ジャック・オー・ランタンの起源は、数百年前のアイルランドにさかのぼると言われています。またスコットランドとイングランドでも、古くからジャック・オー・ランタンが作られていました。カブやテンサイなど大きな野菜をくり抜いてグロテスクな顔を彫り、中に燃えさしやろうそくを入れて、さらに怖くしました。ジャック・オー・ランタンはハロウィンの夜に現れる悪い霊を追い払い、祖先の霊を家族のもとへ導くと信じられていました。いたずら好きの若者たちがカブを彫って中に火を灯し、道沿いの薄暗い場所に置いて、通りかかった人をおどかすこともあったようです。

Legend of Stingy Jack

しみったれ ジャックの伝説

古いアイルランドの民話です。いくつかのバージョンがありますが、ジャック・オー・ランタンの名前の由来については、どれもほぼ同じです。

しみったれジャックは気難しくて欲深い、けちな男だった。ひどいうそつきで友だちなどいなかったが、酒を飲んでいればごきげんだった。ある晩ジャックが家に帰ろうとすると、悪魔に声をかけられた。これでついに地獄行きだと思ったジャックは、最後にもう一度だけビールを飲ませてくれと頼んだ。悪魔はジャックを近くの酒場へ連れていき、いっしょにビールを飲んだ。帰り際、ジャックが悪魔に金を払ってくれと言うと、なんにでも姿を変えられる悪魔は一枚の銀貨に変身した。ジャックはすかさず銀貨を十字架の入ったポケットにしまい、悪魔を封じこめてしまった。店を出たジャックは、自由にしてやる代わりに10年間近づくなと悪魔に約束させた。10年がたち、悪魔がふたたびジャックの前に現れた。ジャックは最後の願いとしてリンゴが欲しいと言い、ちょっと間抜けな悪魔はリンゴを取ろうとリンゴの木に登った。ジャックはすぐさま木の幹に十字架を書いて悪魔を封じこめ、今度は、二度と自分に手出しをしないという約束を取り付けた。

地獄に連れていかれる恐れがなくなったジャックは、死後のことなど考えずにこれまでどおり暮らしたが、ついに死を迎えたとき、天国に行ってみたもののそこに居場所はなかった。地獄に行くしかないが、悪魔ががんこに約束を守っていて地獄にも入れてもらえない。引き返すジャックに、悪魔は燃える石炭をひとつ投げてやった。安息の地を求めて永遠にさまようことになったジャックは、カブをくり抜いて中に石炭を入れ、行く先を照らした。ジャックはいつもその灯りを持ち歩き、「ジャック・オブ・ザ・ランタン(ランタン持ちのジャック)」と呼ばれるようになった。それが縮まって「ジャック・オー・ランタン」となったのである。

Will o' the wisps

ウィルオウィスプ（ウィル・オー・ウィスプ／鬼火）

ウィルオウィスプは謎の光、鬼火のことで、夜中に人けのない場所に現れて旅人を引きつけ、危険な沼地に誘いこむと言われています。世界各地にこれに似た光が目撃されています。

ウィルオウィスプにまつわる伝説は、ジャック・オー・ランタンのしみったれジャックの話とよく似ています――悪さばかりしていた鍛冶屋のウィルという男が死んだとき、天国で聖ペテロから人生をやり直すチャンスを与えられ、この世に送り返されます。ところがウィルは懲りずに悪行を繰り返したため、たったひとつの燃えさしの灯りをたよりに、永遠にさまよい歩く運命になりました。ウィルはその光で、相変わらず旅人を危険な場所に誘いこんでいると言われています。

ちなみに、世界各地で見られる不気味な光の正体は、沼で有機物が腐って発生したガス、主にメタンガスが自然発火したものだと考えられています。

Pumpkin Carving
カボチャの彫刻

アメリカでは昔から、収穫祭や感謝祭にカボチャの彫刻を作る習慣がありました。そのため19世紀にアイルランドやスコットランドから大勢の移民がやってきてハロウィンが広まったとき、カブに代わってカボチャがジャック・オー・ランタンに使われるようになったのは自然な流れでした。カボチャはほかの野菜よりも彫りやすく、またアメリカで手に入りやすかったという理由もあります。

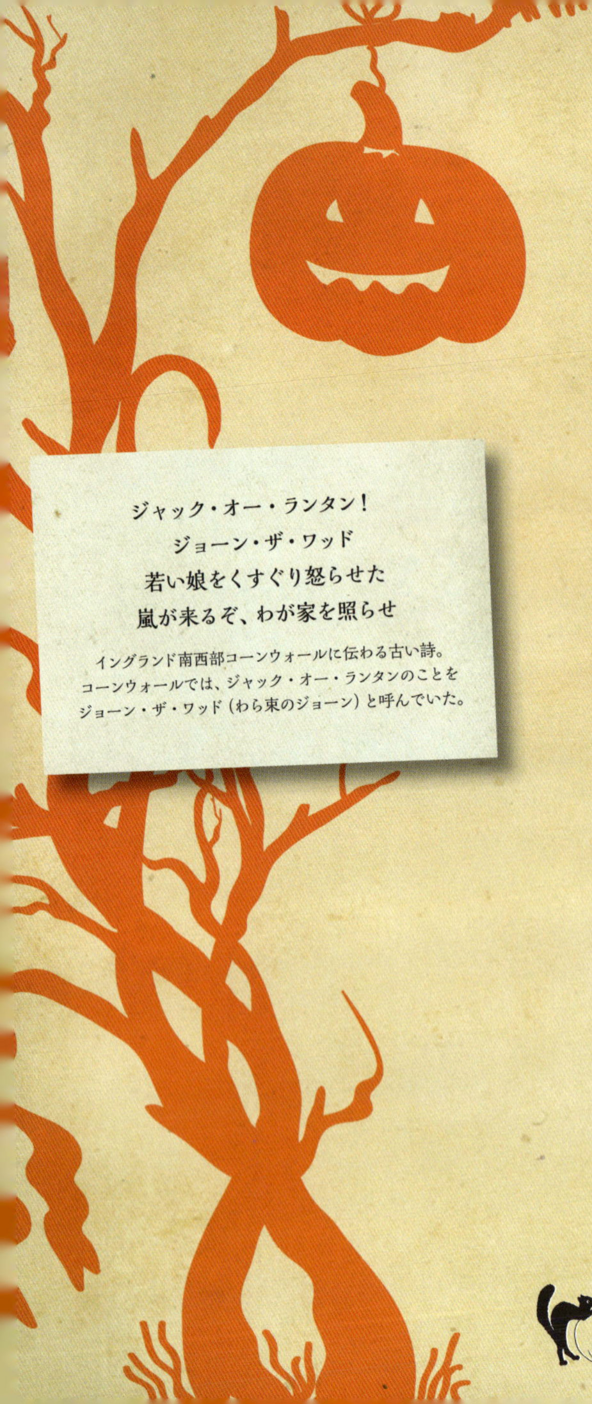

ジャック・オー・ランタン！
ジョーン・ザ・ワッド
若い娘をくすぐり怒らせた
嵐が来るぞ、わが家を照らせ

イングランド南西部コーンウォールに伝わる古い詩。
コーンウォールでは、ジャック・オー・ランタンのことをジョーン・ザ・ワッド（わら束のジョーン）と呼んでいた。

ハロウィンの習慣が広まると同時に、ジャック・オー・ランタンはなくてはならないアイテムになりました。人々はパーティーを不気味な雰囲気で盛りあげるために、ジャック・オー・ランタンを窓辺や庭や玄関前に並べました。昔いたずら好きな若者がジャック・オー・ランタンで通りかかった人を驚かせように、トリック・オア・トリートの子どもたちが窓の外でかかげて、家の中の人を驚かせたりもしました。

最近では、トリック・オア・トリートの子どもたちを歓迎する印として家の前にジャック・オー・ランタンを置く人が多いようです。「うちに来たら、お菓子をあげるよ」という合図です。

ハロウィン用に、ハウデンという皮が薄く彫りやすいカボチャが栽培されています。ジャック・オー・ランタン作りは、ハロウィンの楽しみのひとつ。作り方は66〜67ページをご覧ください。

ああ、幼き日の思い出のカボチャ！
森の葡萄は紫に色づき
茶色い木の実が落ちてくる！
皮に醜い顔を刻めば
ろうそくのまばゆい光が
闇に向かってあふれだす！

ジョン・グリーンリーフ・ホイッティア
(1807–92) 作「パンプキン」より

Pumpkin fests
カボチャ祭り

最近はハロウィンの時期に、アメリカのいたるところで「パンプキンフェスティバル」というイベントが行われています。同時にいくつジャック・オー・ランタンを点灯できるかを競うもので、ニューハンプシャー州キーン市が2013年10月19日に達成した30,581個が、世界記録としてギネスブックに載りました。

grinning jack o' lantern

にやけた顔のジャック・オー・ランタン

ジャック・オー・ランタンの灯りがないハロウィンなんて考えられない時代になりました。昔ながらのグロテスクな笑みは、訪ねてきた人を震えあがらせること請け合いです。細いナイフなどを使ってゆっくり丁寧に切っていきましょう（パンプキンカービング専用のキットも販売されています）。火のついたキャンドルを入れたまま放置しないよう注意してください。また、ふたの内側が焼けはじめたら、すぐにふたをはずしてください。

用意するもの

えんぴつ
カボチャ（ジャック・オー・ランタン用）
細い刃のナイフ
丈夫な小さいスプーン
137ページの型紙
紙（コピー用紙などの薄い紙）
はさみ
キャンドル

1 カボチャの上部にギザギザの線をかく。へたの部分から等距離になるように。

2 線に沿ってナイフで切っていき、そっとふたをはがす。

3 種をとりのぞき、皮の厚さが2㎝程度になるよう中身をくり抜く。皮が破れないように注意。

4 137ページの型紙を使って、
紙に目や口など顔のパーツをかいて切る。
それを1つずつカボチャの皮に当て、
えんぴつで輪郭をかく。

5 えんぴつの線に沿って、
ナイフでゆっくり丁寧に切り、皮を抜きとる。

6 顔の側面から後ろにかけて、
縦にスリットを入れて、
光が外に漏れるようにする。
このとき、スリットの位置が
低すぎないよう注意。

7
キャンドルを中に入れて、
着火ライターなどで火をつける。
ふたをして飾りつけ、
みんなのリアクションを待とう。

Trick-or-Treat

トリック・オア・トリート

「トリック・オア・トリート」は、子どもたちが仮装をして、
「お菓子をくれなきゃいたずらするぞ」と近所を回るものです。
現在のような形は20世紀に入ってからアメリカで
できあがったと考えられますが、中世のヨーロッパにあった、
「諸聖人の日」に子どもたちが家々を訪ね歩いて
食べ物をもらう習慣とつながりがあるという説もあります。

子どもたちが食べ物をもらって回る風習は、アメリカでも以前からあちこちで存在していました。ハロウィンが広まりはじめた1920年代になると、さまざまな土地の新聞に「トリック・オア・トリート」という言葉が登場しはじめました。たとえば、1927年のカナダのアルバータ州の新聞記事には「やんちゃな若者たちが玄関や裏口に現れ、『トリック・オア・トリート』と言って食べ物を要求した。家の者たちは快く応じ、略奪者たちを笑顔で送り出した」とあります。その後20年ほどでこの新しい遊びはアメリカ全土に広まっていきました。子どもたちはこうした楽しい流行に飛びつくものです。大人のほうが「お菓子をあ

Trick-or-Treat for UNICEF
ユニセフの特別プログラム

1950年、アメリカのフィラデルフィアに住むクライド・アリソン牧師夫妻はいいことを思いつきました。「子どもたちに、キャンディの代わりに恵まれない子たちのための募金を集めてもらってはどうだろう？」その年、地元の子どもたちが飾りつきの牛乳パックで合計17ドルを集め、ユニセフに送りました。こうしてユニセフの『Trick-or-Treat for UNICEF』というプログラムが始まったのです。ユニセフ公認の小さなオレンジ色の募金箱が使われるようになり、活動は全国に広まりました。今では募金の合計は17億ドルを超え、さらに増え続けています。

げるからいたずらはやめてくれ」と子どもに頼んだのが始まりだという説もあるのですが、やはり子どもが編み出したと考えるほうが自然でしょう。

けれど、この新しい習慣を歓迎しない人もいたようです。初めはトリック・オア・トリートを強盗や物乞いと似たようなものだと考える大人もいました。訪ねてくるのが見知らぬティーンエイジャーの集団だったら、ちょっと怖いかもしれませんね。また、子どもが物をせびるようになるからよくない、と言う人もいました。

仮装は楽しく、お菓子はおいしいのですから、子どもたちはすぐにトリック・オア・トリートに夢中になりました。やがて子ども向けの人気雑誌やラジオ番組がトリック・オア・トリートについて取りあげ、1950年代になると全国的に知られる習慣になりました。1952年には『トリック・オア・トリート』という題名のドナルドダックのアニメーション映画が発表されています。1953年にはユニセフの公認も得て、もう見知らぬ子が来ても怪しむ人などいなくなり、トリック・オア・トリートはハロウィンの中心となりました。今では大人と子どもが仮装して一緒に出かける楽しいイベントになっています。

1911年、カナダのオンタリオ州キングストンの新聞に、こんな記事が載っています。「子どもたちがいつものように夕方6～7時に近所の店や家を回り、歌をうたったり詩を朗読したりしたごほうびにナッツやキャンディをもらった」これを「トリック・オア・トリート」と呼んでいたかは不明です。20世紀初めにポストカードが大流行しましたが、当時のポストカードを探しても「トリック・オア・トリート」という文字は見つかりません。

CANDY キャンディ

ハロウィンにキャンディをもらうのが
当たり前になったのは1950年代のことです。
大人の側からすると、つぎつぎと訪ねてくる
子どもたちにあげるには、
キャンディが手軽でちょうどよかったのです。
子どももキャンディが大好きなので、
1970年ごろにはキャンディが
ハロウィンの定番になりました。

それ以前は、キャンディのほかに、果物やキャラメルアップル（77ページ）、ナッツ、それにコインなども配られていましたが、1920年代にキャンディーメーカー数社がハロウィンはキャンディを売る絶好の機会だと考えました。そして、黒とオレンジで着色したグミやゼリービーンズを作り、パッケージもハロウィン用にデザインして発売したのです。けれどもきれいなパッケージのお菓子は、つぎつぎとやってくるトリック・オア・トリートの子どもたちにあげるより、パーティーで手渡す贈り物向きだったようです。

トリック・オア・トリートのキャンディには、当初は手作りのものが使われることが多かったのですが、1960年代以降、ハロウィンのお菓子に毒やカミソリの刃が仕込まれていたというひどい噂がアメリカ全土に広まり、親たちがお菓子の安全性を気にするようになりました。結局、噂はデマに過ぎなかったのですが、それ以来ハロウィンのキャンディはきちんと包装された市販のものをあげるのが一般的になっています。

見知らぬ子にめずらしいキャンディをあげるわけにはいかなくなって、キャンディに凝る人は少なくなりましたが、ときには今の子どもたちが知らないレトロなキャンディを楽しんでみるのはいかがでしょう？　トウモロコシの粒の形のキャンディコーンは、1880年代に初めて作られ、「鳥のえさ」とも呼ばれました。百年以上前のことですから、子どもたちは特別な日にだけ食べられるこの甘いキャンディに大喜びしたことでしょう。

HALLOWE'EN FARE
ハロウィンの食べ物

カボチャやリンゴ、ナッツは、食べ物として以外にもハロウィンで
重要な役割を持っています。リンゴとナッツはゲームと占いに欠かせません。
「シンプルな、心のこもった食事」でみんなをもてなすには、
ジンジャーブレッドやドーナツ、ポップコーン、
それにサラダやサンドウィッチを用意します。
サンドウィッチのパンは家で焼いたものなら最高です。

「ジンジャーブレッドを載せた大皿をテーブルの四隅に置きます。
キャンディやナッツのお皿はあちこちに置きます。
お客様がテーブルに集まったら、
ピラミッドのように積み上げたフルーツを出します。
ピラミッドはあっという間に崩れてしまうでしょうけどね」

ミセス・ハーバート・B・リンスコット
“Bright Ideas for Entertaining”《おもてなしの素敵なアイディア》（1905年）より。

ハロウィンの定番アイテムの多くに、魔力に関する言われがあります。たとえば、ハロウィンの食べ物の多くは、ヨーロッパからアメリカに持ち込まれて広がった占いや予言ゲームに使われていたものです。魔除けになると言われるものを料理に入れる習慣は今日も続いていて、時代が流れ、科学が発達した今でもその熱意は衰えることはありません。わたしたちは昔ながらのやり方を続けることで、なつかしさを味わっているのかもしれません。そして、それが楽しいからこそ続いているのでしょう。

「ハロウィンには、リンゴジュースが
欠かせませんね。このおなじみの飲み物は、
温めてスパイスを加えることで、
アレンジを楽しめます。
クランベリージュースやプルーンジュースは
そのままでもおいしい飲み物ですが、
パイナップルやオレンジ、
レモンの果汁を混ぜるのもお勧めです。
そのほか、グレープジュースとリンゴジュースと
ジンジャーエールのミックスも、
ハロウィンにぴったりの組み合わせです」

ニューヨーク州オーバーン、
1938年10月20日付の市民向け広告新聞より

Pumpkins
パンプキン

近頃アメリカで栽培されるカボチャの大半が食用ではなく彫刻に使われています。彫刻用に栽培されたもので、味はおいしくありません。けれどもアメリカ先住民にとって、カボチャは生きるために欠かせない食糧でした。カボチャの種は六千年前から存在していたことがわかっていますが、野生のカボチャは苦くて食べられなかったらしく、種を乾燥させて炒って食べていたようです。ところが栽培が始まって味がよくなると、カボチャはさまざまな方法で食べられるようになりました。コトコト煮込んだり、焼いたりゆでたり。花はスープに加え、乾燥させた身はひいて粉にしました。細長く切った乾燥カボチャは保存が利いたので、冬を乗りきる助けになりました。皮は容器にしたり、細長く切って乾燥させたものを編んで敷物にしたりもしました。種には薬効があるとされ、食べ続けられました。

アメリカ先住民はイギリスから渡ってきた清教徒たちにカボチャを紹介し、カボチャは入植者の主食となりました。カボチャがなかったら彼らは飢えていたかもしれず、アメリカに来て二度目の感謝祭には、パンプキンパイがテーブルを飾ったといわれています。けれど当時は小麦粉がなかったので、パイといってもカボチャのてっぺんを切って種をかき出し、牛乳、卵、はちみつ、スパイスを入れ、かまどの熱い灰の中でこんがり焼いたものでした。

感謝祭にパンプキンパイを食べる伝統は今も続いていますが、20世紀になるとカボチャはもはやごちそうではなくなり、ジャック・オー・ランタンなど飾りや、お菓子を入れる器としてハロウィンに欠かせないものになりました。「いろんな大きさのカボチャの中身をくり抜いて内側にパラフィン紙を張り、ごちそうを詰めてテーブルの真ん中に置きましょう」と、ミセス・ハーバート・B・リンスコット。ルース・エドナ・ケリーもこう書いています。「テーブルの中心にはリンゴやナッツや秋の果物を詰めたカボチャや、砂糖細工の野ネズミが引くカボチャの馬車を飾りましょう……馬車に乗っているのは魔女です」

Sweet treats
甘いごちそう

ポップコーンボール（ポップコーンをまとめてボール状にした菓子）は1860年代ごろからありましたが、ハロウィンの定番になったのは1950年代になってからです。リンゴあめも1950年代に流行りだしました。1960～70年代に異物混入のデマが飛んでからは、包装していないお菓子をトリック・オア・トリートの子どもたちに渡すことはめったになくなってしまいましたが、リンゴあめは今もハロウィンの人気者です。

リンゴあめは、1908年にニュージャージー州でキャンディ職人のウィリアム・コルブという人が最初に作ったといわれています。彼は赤く着色したシナモン入りのあめでリンゴをコーティングして、店のディスプレイとして飾りました。ところがそのリンゴが売れて、人気商品になったのです。この古風なお菓子は今でも世界中で大人気です。次のページに、リンゴあめの一種で、キャラメルでコーティングするキャラメルアップルのレシピがあります。作ってみてはいかがですか。

caramel apples

キャラメルアップル

ハロウィンの大定番、キャラメルアップルは
不動の人気を誇っています。
ナッツやキャンディをトッピングしてもよし、
プレーンなキャラメルをたっぷりからませてもよし、
こうしたお菓子を食べて伝統的な
ハロウィンをお祝いしましょう。
このレシピではキャラメルの温度が大切なので、
製菓用温度計を使いましょう。

用意するもの

生クリーム（乳脂肪分の多いもの）：240ml
グラニュー糖：100g
コーンシロップ（ゴールデンシロップ）：250g
バター：115g
バニラエッセンス：小さじ1杯
アイスキャンディー用の棒：6本
好みのリンゴ（洗っておく）：6個

トッピング（お好みで）：
細かく砕いたナッツ、マーブルチョコ、
ミニマシュマロ、溶かしたチョコレート

1 大きな鍋に生クリーム、砂糖、
コーンシロップを入れて沸騰させる。
火を弱め、ふつふつと煮立った状態に保つ。
118°Cになったら鍋を火から外して1～2分おく。
そこにバターとバニラエッセンスを加え、
よくかき混ぜる。

2 洗ったリンゴに棒を刺して、
1の鍋にリンゴをつけてキャラメルをからめる。
トッピングをする場合はここでつける。
クッキングペーパーの上に置いて冷まし、
好みで溶かしたチョコレートを
線をかくように垂らす。

魔女が馬車でお出まし
おともするのは黒猫たち
月が笑い、ささやけば
もうすぐハロウィンやってくる

作者不詳

chapter 3

3章

SYMBOLS OF HALLOWE'EN

ハロウィンの　シンボル

A THRILLING
HALLOWE'EN
Ye
GHOST
STORY

Symbols of Hallowe'en
ハロウィンのシンボル

ハロウィンのシンボルというと、なにがいちばんに思い浮かびますか？
カボチャ、幽霊、魔女、猫……じつは、ハロウィンのシンボルは昔から
あまり変わっていません。ただ、ハロウィンの祝い方は大きく変化しました。
中世のキリスト教では、聖人を称え死者の魂に祈りをささげる
「諸聖人の日」を「ハロウマス」と呼び、前夜から教会の鐘を鳴らして祈り、
聖書の登場人物の扮装をしました。当時は神秘的なものや
魔術が生活に根づいていて、魔女や悪魔が恐れられていたのです。

植民地時代のアメリカでは、ハロウィンを祝うのは一部の地域だけで、それもささやかな行事でした。その後２～３世代を経て19世紀末ごろになると、ハロウィンはアメリカ全土に広がり、にぎやかな行事になりました。アイルランドやスコットランドからの移民が持ちこんだケルトの慣習をモチーフにしたパーティーやゲームを楽しむ日になり、そのころには、イギリスでもハロウィンはキリスト教の宗教行事ではなくなっていました。昔ながらのハロウィンのシンボルは残っているものの、ハロウィンそのものは時の流れの中で変化し、かつて恐れられていたものが今では楽しい遊びになっているのです。

Black Cats
黒猫

昔から、猫は伝説や信仰と
深く結びついていました。
古代エジプトでは黒猫は女神バストの化身と
考えられていて、エジプトの民は猫を崇め、
猫が死ぬとミイラにしました。
北欧神話の女神フレイアは、
２匹の大きな灰色の猫が引く車に乗っていま
す。ギリシャ神話の女神アルテミスや
ローマ神話の女神ディアナも、
猫と深い関わりがあります。
日本では、手招きする猫の人形「招き猫」が
あちこちで見られます。あるとき1匹の猫が
通りすがりの藩主を豪徳寺へ手招きし、
雷から間一髪で救ったという話があり、
これが招き猫の起源だと言われています。
今では、黒の招き猫は健康を、
金の招き猫は富をもたらすとされています。

中世のヨーロッパでは、黒猫は魔女の使いとして、忌み嫌われるようになりました。フクロウやコウモリやヒキガエルなども魔女の手下ですが、黒猫は特別な存在です。魔女が自由に姿を変えて黒猫になったり、もとの姿に戻ったりすると信じられていたのです。

Cat Sith
妖精猫

スコットランドやアイルランドのケルト民話には、「妖精猫」が登場します。胸に白いぶちのある大きな黒猫で、かわいいとは言いがたい狡猾な生き物でした。威嚇しているのか身を守ろうというのか、背中を丸めて毛を逆立てた姿でよく描かれます。妖精猫の呪いで牛の乳が出なくなると言われ、古代ケルト民族の祭り「サムハイン祭」では、ミルクの皿を置いて妖精猫の機嫌をとる風習がありました。

妖精猫の正体は魔女だという説もあります。魔女が猫に変身して人間の姿に戻り、それを8度くりかえして、9度目は変身できずに黒猫の姿のままでいるのだと。そういえば、猫には9つの命があると言いますね。

TO YOU
ON
HALLOWEEN
Hallmark

Black cats and luck
黒猫にまつわる迷信

黒猫が目の前を横切ると……土地によってさまざまな迷信があります。アメリカでは昔から、黒猫が通ると縁起が悪いとされていました。ただし、白黒の猫だと逆に縁起がいいそうです。イギリスでは黒猫は幸運の象徴とされ、スコットランドでは黒猫が戸口に現れると家が繁栄すると言われます。イギリスの一部の地域では、結婚祝いに黒猫を贈られた花嫁は幸せになるという話もあります。

ほかにも黒猫にまつわる古い迷信が各地に残っています。ドイツでは、黒猫が目の前を右から左へ横切ると縁起が悪く、左から右へなら縁起がいいとのこと。南ヨーロッパでは、方向に関係なく縁起が悪いそうです。

船上では黒猫は幸運の象徴ですが、猫が不機嫌そうにうるさく鳴いているときは厳しい航海の前兆だそうです。そして、船乗りの家族が黒猫を飼ってかわいがっていると好天に恵まれるのだとか。

続けて３匹黒猫を見るのは縁起がいいと言われます。黒猫がそばに座ったり、脚にじゃれついたりしたら、それは幸運の印。膝に飛びのってきたら喜びましょう。黒猫がそっぽを向いたら縁起が悪く、逃げていったら秘密が近いうちにばれてしまいます。また、黒猫がそばであくびをしたら、それは眠いからではありません。近々チャンスが訪れる印なので見逃さないように。

13世紀のローマ教皇グレゴリウス９世が、当時ドイツで広まっていた悪魔崇拝を非難する布告を出し、黒猫は悪魔が変身した姿だとして黒猫を大量に殺し、その後も黒猫は人々に忌み嫌われました。これが14世紀の疫病ペストの大流行につながったという話があります。猫が激減したことでネズミが爆発的に増え、ネズミが運ぶノミが原因でペストが広がった、というわけです。このときヨーロッパを襲ったペストは人口の約３分の１を奪ったと言われます。けれどもグレゴリウス９世の布告の記録が残っていないので、これが事実なのかはわかりません。中世の都市伝説と言えるかもしれませんね。

けれど、こういう印象的な伝説は人づてに広まり、世代を経て受け継がれ、一般常識になっていくものです。それで黒猫は何百年も悪いイメージを持たれ続けているのでしょう。

黒猫や魔術の迷信はアメリカにも持ちこまれました。運んできたのは1620年にイギリスからアメリカ東海岸にやって来た清教徒や、その後ドイツ、オランダ、ハイチ、アフリカから渡ってきた移民です。19世紀末、ハロウィンの習慣が広まってパーティーを開く格好の機会になったころには、黒猫と魔女は切っても切れない仲になり、ハロウィンには欠かせないアイテムになったのです。かつては恐れられていた黒猫が、今ではとてもかわいい存在になっています。

A MERRY HALLOWE'EN
"For Ways that are dark and tricks that are vain"
Watch out!

HALLOWE'EN
DESIGN COPYRIGHTED BY RAPHAEL TUCK & SONS CO. "LTD."

Witches
魔女

最近のハロウィンでは、みなが競って美しい魔女の扮装をしますが、
もともとハロウィンの魔女は、黒いマントにとんがり帽子、
とがったあごにイボのある鼻、空飛ぶほうきに湯気立つ大釜という、
おとぎ話に登場する怖い魔女そのものでした。
魔女に会いたければ10月31日に服を裏返しに着て後ろ向きに歩け、
という言い伝えがありますが、今ではそんな必要はありませんね。
魔女はカードの絵や家の飾り、
パーティーやパレードなど、どこにでもいますから。

魔女の歴史ははるか昔にさかのぼります。薬草を使う治療師たちが、やがて黒魔術を操る魔女と呼ばれるようになり、キリスト教会から異端者とされました。ヨーロッパでは14世紀から17世紀にかけて魔女狩りがさかんに行われ、治療師の女たちなど多くの人が捕えられて迫害を受けました。1692年 にアメリカのセイラムという町で行われた魔女裁判では150人もが投獄され、その多くが命を落としました。魔女狩りの動きはやがて沈静化し、今では集団心理の暴走が起こったと分析されています。

20世紀になると、昔は恐れられていた魔女がハロウィンの人気者へと変わり、子どもたちは魔女の仮装をしてパーティーに行くようになりました。

暖炉の炎がゆらめいて
今宵祭りはたけなわだ
湿地に野原の暗がりに
仮装の魔女の笑い声
いざ真夜中のハロウィン

A・F・マレーの詩「ハロウィン」
1909年10月30日
ハーパーズ・ウィークリー誌掲載

ハロウィンがやってきた
魔女たちが勢ぞろい
黒い魔女に、緑の魔女
ハロウィンがやってきた

（スコットランド民謡）

なぜハロウィンに登場する魔女に緑色が多いのかは、よくわかっていません。1900年に出版された『オズの魔法使い』で西の悪い魔女の肌が緑だったから、という説もあります。

WHEN WITCHES
ARE WITCHING
AND GOBLINS
ARE SCOWLING-

witch costume
魔女のコスチューム

用意するもの
（身長120cm用）

137cm×160cmの黒と紫のメッシュ生地（スカート用）

長さ130cm×幅4cmのリボン（スカートのウエストベルト用）

長さ60cm×幅5mmのリボン（帽子用）

65×45cmの黒のフェルト（帽子用）

布と同色の縫い糸

待ち針

クラフト用ボンド

76×112cmの黒の布（マント用）

長さ140cm×幅2cmの赤のベルベットリボン（マント用）

金色のフェルトの端切れ（靴のバックルとして）

黒のスニーカー

黒の長袖シャツと、

縞模様のレギンスかタイツか靴下（コスチュームをより見栄えよくするため）

ハロウィンの魔女はいつの時代も人気があり、トリック・オア・トリートの子どもたちは、魔女の衣装が大好きです。このかわいらしいコスチュームは、子どもが近所の家々を訪ね歩くのにぴったり。黒の長袖シャツと縞模様のタイツは市販品を使い、ほかのものはハロウィンの昔ながらの方法で手作りできます。

1 メッシュ生地の1枚を半分に折り、それをさらに半分に折って、137×40cmにする。長い辺（輪になっているほう）を4枚重ねてランニング・ステッチで縫い、糸を引っ張ってギャザーを寄せ、幅を60cmにする（子どものウエストのサイズに合わせる）。もう一枚のメッシュ生地も同様にする。

2 2枚のスカートを重ねて、ギャザーを寄せた上の辺を待ち針で留め、仮縫いしておく。上の辺にリボンの長さの中央を合わせて待ち針で留め、縫いつけてウエストベルトにする。スカートの裾の折り目を切って輪を切り離し、裾からV字に切りとっていく。重なった裾をそれぞれべつに切り、ギザギザになるようにする。

3 帽子は140ページと141ページの型紙を使って、黒のフェルトから帽子のとんがり部分とつば部分を切り抜く。とんがり部分を中表に半分に折り、長いほうの縁をそろえて待ち針で留め、1cmの縫い代で縫い合わせ、ひっくり返す。

4 フェルトのつばを、とんがり部分の下に待ち針で留める。かがり縫いで、一周ぐるりと縫いつける。飾りつけとして、細いリボンをつばの付け根（頭回り）に糊づけして、両端は重ねておく。

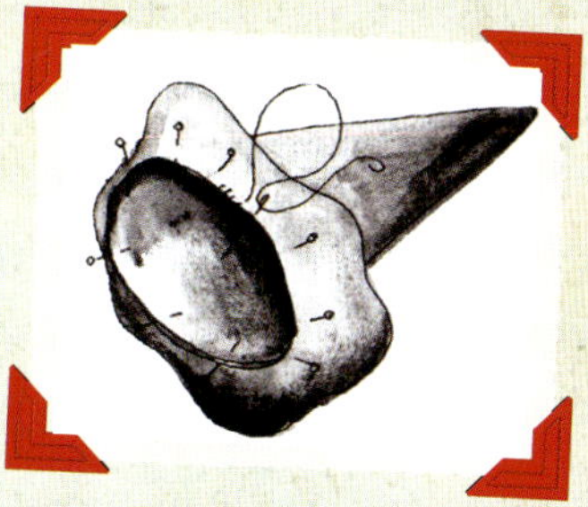

5 マントは子どもの身長によって、黒の布のサイズを調整する（縫いしろ分も考慮して）。短い辺の両方と、長い辺の一方を1cmの三ツ折にしてアイロンをかけ、待ち針で留めて縫う。まだ始末をしていない辺は、1cm折ってアイロンをかけ、つぎは2cm折ってアイロンをかける。待ち針で留め、筒になるように縫う。

6 マントの首もとを結ぶ赤のベルベットリボンを、安全ピンを使って筒に通す。リボンを引っ張ってギャザーを寄せ、リボンの左右の長さをそろえて、大きなリボン結びができるようにする。

7 靴の飾りは、金色のフェルトから2枚の長方形を切り取り、それぞれ真ん中をひと回り小さい長方形に切り抜く。大きなバックルに見えるように、無地の黒いスニーカーに糊付けする。

Ghosts
幽霊

幽霊や霊魂を信じる風習は、どこの国でも見られるものです。
ケルトの文化では、秋の焚き火の祭りサムハインは死者のための祭りで、
この日に死者の霊がもどってくるとされていました。
人々が再会を待ちわびる故人の霊もいれば、追い払いたい悪い霊もいます。

A HALLOWEEN BIRTHDAY WISH
FOR YOU

悪魔や、幽霊や、
魔物から
夜中に聞こえる
不気味な音から
ああ、われわれを
救いたまえ

（スコットランド民謡）

先祖の霊は家族に会うために帰ってきますが、サムハインの夜に外をうろつく霊はなにかをたくらんでいるかもしれません。家の前に供え物を出しておかないと、通りかかった幽霊が怒って翌年その家に災いをもたらすと言われていました。「トリック・オア・トリート（お菓子をくれなきゃ、いたずらするぞ）」は、これがもとになっているのかもしれません。

11月1日のキリスト教の祭日「諸聖人の日（ハロウマス）」の翌日が「死者の日」となり、死者とのつながりが強い2日間になりました。死者の霊に祈りをささげ、生と死を意識する特別なときになったのです。

アメリカ植民地時代、まだハロウィンが一部の地域の行事で規模も小さかったころから、ハロウィンには幽霊の話をするのがお決まりでした。その習慣はハロウィンの祝い方が様変わりした今も続いていて、ハロウィンには幽霊話が欠かせません。おばけ屋敷に行く人もいます。でも、怖がらなくても大丈夫。みなさんが目にする幽霊は、たいがいだれかがシーツをかぶった偽物です。本物の幽霊に出くわすことなどまずありません。たとえ本物に出会っても、幽霊の周りを9回まわれば消えるそうです。

昔の幽霊物語の本は、暖炉やろうそくの明かりのそばで、声に出して読むのが一番です。雰囲気が肝心ですから。たとえば、チャールズ・ディケンズの『殺人裁判』や『信号手』、ロバート・ルイス・スティーヴンスンの『死体泥棒』などは、みんなが震えあがること請け合いです。

SKULLS AND SKELETONS
どくろと骸骨

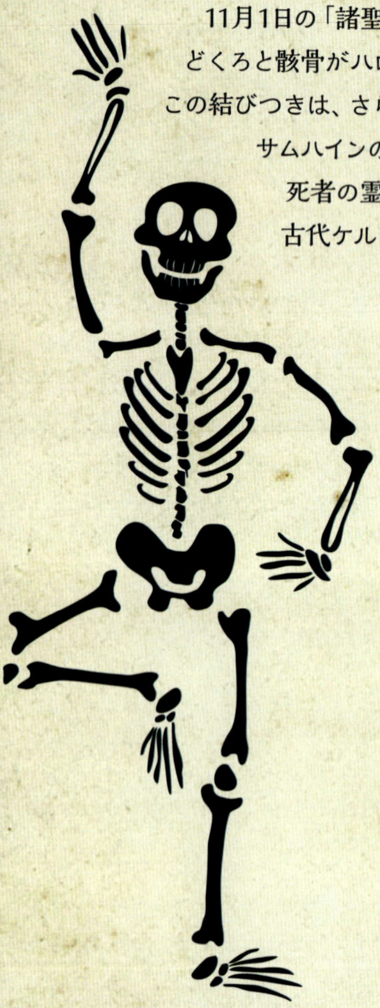

11月1日の「諸聖人の日」と翌日の「死者の日」は死を悼む祭日なので、
どくろと骸骨がハロウィンのシンボルになったのも不思議ではありません。
この結びつきは、さらにケルトのサムハインにまでさかのぼることができます。
サムハインの夜には、この世とあの世の境があいまいになり、
死者の霊がこの世にもどってくると言われていました。
古代ケルトの人々は、どくろには霊が宿ると信じていたようです。

世界には、年に1度の死者のための祭日がハロウィンの時期と一致する地域がいくつかあります。たとえばメキシコでは、11月1日が「子どもの日」、11月2日が「死者の日」で、祭りは10月31日から始まります。この祭りは15世紀から16世紀にかけて栄えたアステカが起源で、スペイン人が渡っ

ジョンの幽霊を見たことあるかい？
長くて白い骨だけで、残りはみんななくなった
ああ、皮膚なしで、寒くはないかい？

（伝承歌）

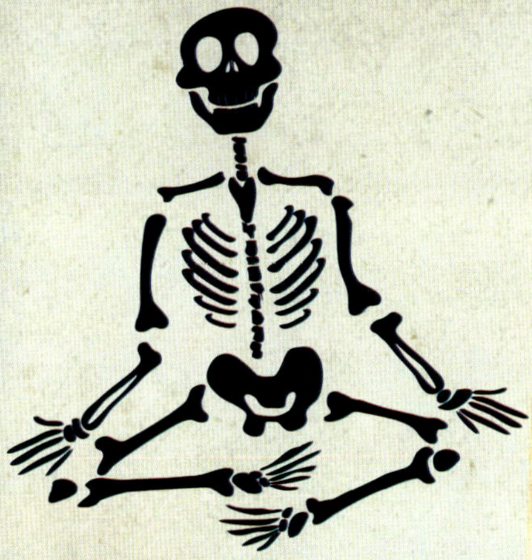

Kite festival
凧祭り

中米グアテマラでは、10月31日に墓の見える丘などで、大きな凧を揚げる習慣があります。凧はふらふらと頼りなく、やがてみんなが見守るなか地に落ちてしまいます。人々が命のはかなさと向き合う日となっているようです。

てきて人々をキリスト教へ改宗させたあと、「諸聖人の日」と交じり合ったと考えられています。

メキシコのこの祭りは、百年以上前からほとんど変わっていません。骸骨の衣装は今も大人気です。人々は墓をきれいに掃除して飾りつけ、外の通りにも家の中にも祭壇を作ります。マリーゴールドの花や故人の写真を飾り、故人の好物やどくろの形の砂糖菓子などを供えます。骨をモチーフにしたパンを供えることも。死者の日は、亡くなった家族や友人を思い出す愛情に満ちた日で、町なかやパレードにどくろや骸骨があふれているのに、とても陽気な雰囲気です。

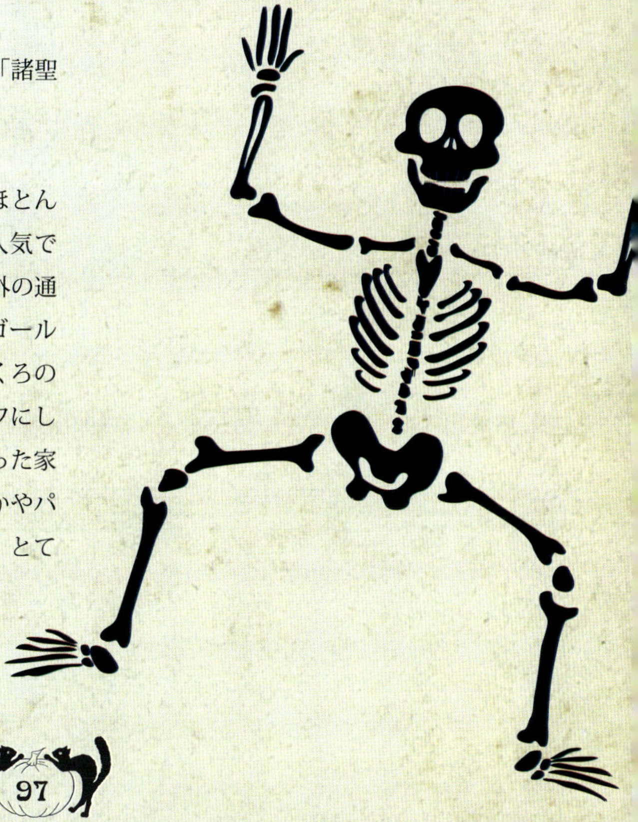

妖精
Fairies, Goblins, and Elves

ヨーロッパの伝説では妖精と死者の霊は
同じものとみなされることが多く、
サムハインの日には、なんとか霊をなだめて、
あの世へ帰ってもらうのが決まりでした。
妖精に魔法をかけられると、さらわれて
二度と戻れないかもしれないのですから。

Happy Halloween
Hold your candle steady
And keep a sharp lookout
For back among the shadows
You'll see goblins peeping out.

アメリカ先住民の神話にも、グリム兄弟が書き起こしたおとぎ話にも、妖精や小鬼がたくさん登場します。おとぎ話は語り継がれるうちに、しだいに残酷な部分が削られて、ハッピーエンドが一般的になりました。子どもたちは妖精の話が大好きなので、ハロウィンに妖精の仮装が流行りだしたのも当然の流れでしょう。

妖精が来ても
見つからないで
もしつかまっても
泣くんじゃないよ

(古いポストカードに書かれた詩)

ピクシーにコーバルド、
エルフにスプライト
妖精たちの見回りだ
青白い月の光の中で
やりたい放題、大騒ぎ

ジョエル・ベントン(1832－1911)の詩「ハロウィン」より
1896年10月31日付ハーパーズ・ウィークリー誌掲載

今宵は小鬼や妖精たちが
列をなして踊りに来るぞ
道々いたずら、どんちゃん騒ぎ
悩める魂、鎮めに来るぞ

ジョン・ケンドリック・バングズ(1862－1922)の詩
「ハロウィン」より
1910年11月5日付ハーパーズ・ウィークリー誌掲載

BATS AND SPIDERS
コウモリとクモ

ケルトの秋の祭りサムハインに焚き火をする伝統は、諸聖人の日に引きつがれました。
焚き火は虫を寄せつけるので、その虫を食べようとコウモリが集まってきます。
やがてコウモリはハロウィンに欠かせない存在になりました。
ブラム・ストーカー著『ドラキュラ』(1897年) など
19世紀のゴシック小説の影響でコウモリと吸血鬼のつながりが定着したため、
吸血鬼もハロウィンのメンバーに加わり、やがてゾンビやオオカミ男も仲間入りしました。
ゾンビの仮装で近所の人をおどかすのは楽しいものです。
ただし、向こうもゾンビの格好をしてくるかもしれないのでご用心!

古い家や洞窟など暗い不気味な場所には、複雑な模様の大きなクモの巣が見られるものです。クモもいつしかハロウィンを盛りあげるアイテムになりました。たしかにクモの動きは気味が悪く、なかには毒を持つクモもいます。

人々は昔からクモやクモの巣に、生命のサイクルや時の流れを感じとってきました。古代ギリシャではクモが人の運命を紡ぐとして、クモを丁重に扱いました。アメリカ先住民も、クモは運命を操り創造をつかさどると考えていました。クモが好きな人も嫌いな人もいますが、クモは今もハロウィンに欠かせない存在になっています。もしハロウィンの時期に生きたクモを見かけたら、ぜったいに踏みつけないこと。それは亡くなった家族があなたを見守っているという幸運の印なのです。

Harvest
収穫

伝統的なハロウィンのシンボルの多くは、収穫と関係があります。元々、ケルトのサムハインが１年の終わりを告げる祭りで、その年の実りに感謝する日だったからでしょう。ハロウィンのかかしは守りの象徴で、腹ぺこの鳥を追い払うだけでなく、作物が無事に育つよう見守るものでした。ハロウィンは収穫を祝う日だったので、今でもトウモロコシの刈り束を飾ったり、トウモロコシの粒の形をしたキャンディーを食べたりする習慣があります。

ハロウィンの日がやってきた
子どもがさらわれないように
トウモロコシが盗まれないように
かかしに守ってもらいましょう

（古いポストカードに書かれた詩）

Colors of Hallowe'en

ハロウィンの色が表すもの

黒	夜、冬の暗い日々、死、魔女、黒猫、コウモリ、クモ
オレンジ	木の葉、収穫、カボチャ、ジャック・オー・ランタン、火明かり
紫	超自然的なもの、魔法、影
緑	魔女、小鬼、怪物
赤	血、危険
白	幽霊、悪鬼、骸骨

ブーツを通りへ向けて
足に靴下留めをつけたまま
ストッキングを頭にかぶれば
結婚相手の夢を見る

（伝承歌）

chapter 4

4章

DIVINE SUPERSTITIONS

迷信と占い

Divine Superstitions
迷信と占い

昔のアイルランドやスコットランドの風変りな占いの風習が、何百年も生き続け、20世紀以降のアメリカでも占いはさかんに行われています。なぜ人は占いに夢中になるのでしょう？

ハロウィンの儀式や迷信は、長い年月を経て形を変えながら伝え継がれてきたものですが、各地で驚くほど似た道をたどりました。得体のしれない力を払いのけるための儀式が、やがて占いに変わっていったのです。19～20世紀にアメリカで広まった占いの多くが、18世紀にスコットランドやアイルランドで熱心に行われていたものです。いつの時代でも、恋愛の行方や将来の結婚相手というのは、誰もが気になることなのでしょう。
スコットランドの詩人ロバート・バーンズの詩「ハロウィン」（1785年）の前書きにも、「未来をのぞき見たいという願望は、古今東西を問わず、人間の浅ましい性（さが）の歴史を浮き彫りにしている」と書かれています。

クルミを焼いてはじけ方を見るとか、目をつぶって引き抜いた野菜がどんな形かを見るとか、目の前で起きた現象をどう解釈するかが占いです。いい結果が出れば喜び、そうでなければがっかりするのですが、もし占いが毎回ぴたりと当たったら気味が悪いですね。占いの儀式によって霊が現れて将来のことを教えてくれると言われても、実際は疑わしいとだれもが思っていることでしょう。占いの風習がこれほど長く続いているのは、霊など本当は現れないとわかっていて、安心して不気味な儀式を楽しめるからなのかもしれません。

Robert Burns
ロバート・バーンズ
(1759–96)

スコットランドの国民的詩人バーンズは、小作農の家に7人兄弟の長男として生まれました。父親に読み書きを習い、授業料が払えるときは地元の学校に通いました。貧しい農村で育ったバーンズは、農民の暮らしに根づいた風習をよく知っていて、多くの詩にそれを盛りこみました。1785年に発表した詩「ハロウィン」では、古くから受け継がれてきた「諸聖人の日」の前夜のさまざまな習慣を取りあげています。また、スコットランド民謡の収集にも努めました。幼少期の厳しい暮らしや、成人してからの奔放な生活が健康に影響したのか、37歳の若さで亡くなりました。

HALLOWE'EN
By the Cards your Fortune I'll tell
Be it Hearts, Spades, Diamonds or Clubs
For o'er your Fate I'll ponder Well
And illustrate Hallowe'en Dubs.

APPLES
リンゴ

リンゴとハロウィンの関係には
長い歴史があります。ケルトの伝承では
リンゴは豊作の象徴でした。
また、ケルトの宗教的指導者ドルイドは
イチイの木かリンゴの木でできた杖を
持っていたといわれ、リンゴはサムハインで
重要な存在だったと考えられます。
リンゴを横に倒して切ると、
芯の断面は五角形の星形をしています。
ケルトでは五角形は豊穣と繁栄の
シンボルでした。リンゴやその種を
使って将来の結婚相手を占うのは、
そこから来ているのかもしれません。

古くは紀元１世紀にローマ人がブリテン島で女神ポモナに捧げる収穫祭を祝ったころから、リンゴは収穫のシンボルとしてその季節に欠かせないものになり、やがて収穫の時期に行われるハロウィンのゲームや占いに使われる定番アイテムになりました。

リンゴ食い競争

リンゴ食い競争はもっとも古いリンゴのゲームのひとつで、今も世界各地で行われています。長い歴史の中でさまざまなバリエーションが生まれましたが、どれも水を張ったたらいにリンゴをたくさん浮かべて、手を使わずに口でリンゴをくわえるというものです。何人かで同時にやるときは、最初にリンゴをとった人が一番に結婚すると言われます。女の子の場合、とったリンゴを枕の下に入れて寝ると、未来の結婚相手の夢が見られるそうです。

別のバージョンでは、たらいを２つ用意し、一方のたらいに女の子の名前をつけたリンゴを、もう一方には男の子の名前をつけたリンゴを入れます。とったリンゴの名前が、未来の結婚相手の名前というわけです。

また、ケルト民族の風習に由来すると言われる古い占いがあります。リンゴ食い競争でとったリンゴを、皮を途中で切れないように細長くむき、それを頭の上で東から西の方向に三回振り回し、肩越しに後ろへ投げます。地面に落ちたリンゴの皮がアルファベットの形に見えたら、それが未来の恋人のイニシャルだといいます。

今日は泣いてる場合じゃない
お楽しみが消えちまう
さあ、リンゴ食い競争と
ジャック・オー・ランタンの出番だよ

ジョン・ケンドリック・バングズ（1862－1922）の詩「ハロウィン」より
1910年11月５日付　ハーパーズ・ウィークリー誌掲載

2008年11月１日、スコットランドの町ピーブルズで、67人が同時にリンゴ食い競争をして世界記録を更新しました。地元の国会議員や町議会議員も参加し、消防隊が巨大なたらいに水を入れました。ピーブルズの大リンゴ食い競争は、パレードや仮装大会とともにハロウィンの時期に行われる大きなイベントです。この町では、古いハロウィンの風習は色あせる気配がありません。

Nuts ナッツ

リンゴと同様に、ナッツもハロウィンとは深い関わりがあります。
ヘーゼルナッツや栗など、ナッツを焼いて占う風習があるのです。
カップルがそれぞれ1個ずつ殻つきのナッツをシャベルにのせて焚き火に差し入れ、ふたつともきれいに焼けたらふたりは生涯愛し合うと言われています。
けれど、片方が割れたり、はじけ飛んだりしたら、その人は相手を裏切るというしるしです。はじけ飛んだナッツが火の中に落ちたら、その人はほかに好きな人がいることを表します。
ほかにもナッツを焼く占いで、恋人候補たちの名前をナッツに書いて火に入れ、最初にはじけた名前の人が恋人になるというものがあります。
「わたしが好きなら、はじけ飛べ。きらいというなら、燃えつきろ」
と唱えながらナッツを見守るのです。

くるみのボート

半分に割ったくるみの殻を、参加者がひとつずつ選び、水を張ったたらいに浮かべて小さなキャンドルをのせて火をつけます。それぞれのボートの動きが持ち主の未来を占います。たとえば、たらいのふちで止まったら、その人は平穏な人生を送ります。ふたつのボートが寄り添ったら、見ての通りのふたりになります。見物人は手で水をかき混ぜてもいいことになっています。最後までキャンドルの火が残った人は最初に結婚し、すぐに消えた人は独身のままになると言われています。

くるみの殻の代わりに、針を水に浮かべる占いもあります。2本の針がくっついたら、ふたりは恋人同士になります。3本以上がくっついたら大変なことになりますね。

干しぶどうとナッツを持っておいで――
「諸聖人の日」の今宵
月の明かりに照る道を
幽霊どもがやってくる

ジョン・ケンドリック・バングズ（1862－1922）の詩「ハロウィン」より
1910年11月5日付　ハーパーズ・ウィークリー誌掲載

Candles
キャンドル

キャンドルの炎は、場所や気分によって、
明るくロマンティックな雰囲気にも、
暗く不気味な雰囲気にもなります。
ただし、ハロウィンにキャンドルを使うときは、
火の取り扱いにはじゅうぶん気をつけて。

火のついたキャンドルを飛び越えるゲームがいろいろあります。消えかけた焚き火を飛び越える古い風習から生まれた遊びなのでしょう。

あるゲームでは、12か月に見立てた12本のキャンドルを一列に並べて灯します。参加者は交代でキャンドルを飛び越えますが、そのときに火が消えるように風を起こします。最初に火を消せた人はそのキャンドルの月に結婚するという占いです。

キャンドルを1本だけ使うゲームもあります。キャンドルを飛び越える人が火を消したら悪い年になり、火が残ったら良い年になるといいます。けれど、火を消すゲームなのに、消えないほうがよいというのは、妙なルールですね。伝え継がれるうちにどこかで逆になってしまったのかもしれません。

Outdoor Charms

外でやる占い

ハロウィンは収穫を祝う祭りでもあったので、
作物を使う占いがいろいろあります。リンゴやナッツが有名ですが、
ほかによく使われたのはキャベツやケール、オート麦、麻などです。
作物を使う占いは、外へ出かけていって行うものでした。
未来のことを知りたい一心で、みんなせっせと歩いていったのでしょう。

村の若い者たちがキャベツ畑やケール畑へ行き、目隠しをして野菜を1株選んで引き抜くという占いがありました。その大きさや状態によって、未来の結婚相手がどんな人かわかるというのです。キャベツが大きければ相手は体の大きな人、細ければやせた人、とうが立っていれば年老いた人、という具合です。根についた土にも意味があり、たくさん土がついていれば相手は金持ちで、簡単に引き抜けたら相手がすぐに求愛に応じてくれるというしるしです。また、恋人たちはこの占いをして、将来の結婚生活を占いました。

女の子がこっそり近所の畑に行ってキャベツを盗むという占いもありました。キャベツを引き抜くときか、家へ帰る途中に出会った人と将来結婚するというのです。だれにも会えなかった場合は、とってきたキャベツを扉の上にのせておきます。キャベツが落ちて当たった人と結婚できるという言い伝えがあるからです。
また、スコットランドの詩人ロバート・バーンズは、「ハロウィン」の詩の中で、オート麦や麻の種を使った占いを取り上げています。

作物や収穫とは関係ありませんが、外で行う占いに、シャツの袖を使うものがあります。ハロウィンの日の日没後に、地主３人の土地が接した、小川の流れている場所をさがします。暗くなってから出かけるので、ひとりではなくグループで行くのが普通でした。条件にあった場所を見つけたら、左袖を小川の水につけ、シャツが乾かないうちに急いで帰ります。そして濡れたシャツを脱いで暖炉の前に干し、寝たふりをします。真夜中近くに未来の結婚相手に似た幽霊が現れて、シャツの裏も乾くように裏返してくれるというのです。肝心なのは、この晩には暖炉の部屋で寝ることです。そうしないと結婚相手を知るチャンスを逃してしまいますから。

The yarn test 毛糸で運試し

スコットランドでは、毛糸の端を手に持ったまま毛糸玉を窯《かま》に投げ入れて、巻き取っていくという占いがあります。なにかに引っかかったときに、「押さえているのはだれ？」と問いかけると、窯から未来の結婚相手の名前が聞こえるというのです。ロバート・バーンズの詩「ハロウィン」には、若い娘が好きな人と結ばれることを夢見ながら毛糸を巻く場面が描かれています。

この言い伝えには国によって違いがあります。アメリカでは、毛糸玉を投げ入れる先は納屋で、未来の恋人が巻きとるのを手伝いに現れるといいます。アイルランドでは、窓から外へ投げることになっていて、「押さえているのは誰？」とたずねたあと、夜風に乗ってかすかに聞こえてくる答えを耳を澄ませて待つそうです。

INDOOR GAMES
室内で行うゲーム

室内で静かに楽しむゲームも人気がありました。
たとえば、目隠しをして、文字を彫ったカボチャにピンを刺し、
ピンにいちばん近い文字が占いの答えの頭文字だというものです。
未来の結婚相手や、翌年の休暇の行き先や、ダービー競馬の勝ち馬など、
占うものはいろいろでした。もうちょっとにぎやかなバージョンもあります。
ひもで吊るしたカボチャを数回ねじってから離し、
回転しているカボチャに複数の人が同時にピンを刺します。
間違って人の手を刺したら大変ですね。

水を張った器を使うゲームは、ハロウィンの定番になっているようです。まわりにキャンドルをたくさん灯せばぐっと感じが出ます。りんご食い競争やくるみのボートのほかに、アルミ箔やオレンジの皮でおみくじを包んで器に浮かべる占いもあります。当たりをつかんだ人は1年以内に未来の結婚相手と出会うといわれています。

トウモロコシ粉で作っただんごを３個水に落とすという占いもあります。それぞれのだんごの中に、3人の恋人候補の名前を書いた紙切れを入れておき（同じ名前を３つ書いてはいけません！）、最初に水面に上がってきただんごの人が恋人になるというわけです。

It's a
HALLOWEEN
PARTY
BEWARE

Shapes in water
水の中での形

紅茶占いはカップについた茶葉の様子から将来を読む占いですが、読みとり方を知っていれば、卵の白身でも似たような占いができます。水を半分入れたコップに卵の白身を入れて24時間置いておくと、白身が散らばって、なにかの形のように見えてくるので、これを読みとるのです。

紅茶占いの知識がなくても未来の結婚相手の職業を占うことができます。簡単なのは、溶かした鉛か蝋《ろう》を水を張った皿に落とし、どんな形になるかを見るというものです。馬の形なら騎兵と、ヘルメットの形なら警察官と、しずく形なら船乗りと、牛の形なら農夫と結婚することを表しました。けれど、どれも曖昧な形なので、どうにでも解釈できるものでした。

1871年にセンチュリー・マガジン誌に掲載された「ハロウィンあるいはクリシーの運命」という物語には、女の子たちが鉛占いで盛りあがる場面が描かれています。ジャネットおばさんが、姪のキティと友人たちが、古い鉄のスプーンに鉛をのせて火であぶって溶かすのを見ていると——

ジューッパチパチと鋭い音がすると、みんなは占いの結果を見ようと群がり、一瞬の沈黙のあと、ああだこうだと言いあった。

「あら、マッジ、説教壇みたいに見えるわよ、あなたが宣教師と結婚することになりませんように！」

「いいえ、ちがうわ、ビールジョッキにそっくりよ。きっとドイツ人の学生だわ」

「うーん、わたしには何にでも見える」とマッジは不満そうに言った。「はっきり言い切れないわ。次にやるのはだれ？」

「わたしかしら」

ネッタ・フェーンは火のお告げをじっと見つめた。こうして、なにか似ているものを見つけるたびにみんなはどっと笑い、指をやけどしたキティが、そろそろ別のことをしようと言いだすまで続いた。

「この占いによると、わたしたちみんな、溶接工と結婚することになりそうね」

Prophetic Dreams

夢占い

将来のことを夢で見たければ、後ろ向きで玄関を出て、草か塵《ちり》を集め、それを紙で包んで枕の下に入れます。

ゆで卵の黄身を取りのぞき、穴の半分に塩を詰め、寝る前にそれを食べます。あるいは、塩辛いニシンを３口で食べます。何も飲まずに寝ると、将来の結婚相手が水を持ってくる夢を見るでしょう（あまりに喉が渇いて幻覚を見るのかもしれませんね）。

くるみ、ヘーゼルナッツ、ナツメグをすりつぶし、バターと砂糖を加えて混ぜ合わせたものを、寝る前に食べます。金の夢を見たら、将来の結婚相手は金持ちで、やかましい音の夢なら商人で、雷雨の夢なら旅人でしょう。お腹を壊しただけで終わったら占いは失敗です！

男性は月桂樹の葉を枕の下に入れると恋人の夢を見られます。女性はローズマリーの葉を入れましょう。

寝る前にパンになにもつけずに食べると、ぐっすり眠れて、願いが叶います。

小麦粉に卵と塩を加えた生地を、数人で集まってひとこともしゃべらずにみんなの左の親指だけでこねます。これを焼いたものを「無言のケーキ」と言います。無言のケーキを寝る前に後ろ向きに歩きながら一切れ食べると、夢に将来の結婚相手が現れます。

A FACTOR OF THREE
３つのもの

スコットランドの詩人ロバート・バーンズは、自作の詩「ハロウィン」の脚注にこう書いています。

「皿を３枚用意し、１枚にはきれいな水を、もう１枚には汚れた水を入れ、最後の１枚は空《から》にしておく。目隠しをされた者が、皿を並べた炉床《ろしょう》へ手を引かれていき、左手で皿に触れる。男性の場合、きれいな水に触れたら将来の結婚相手は若い乙女で、汚れた水なら相手は寡婦《かふ》で、空の皿なら生涯結婚できないことを意味する（女性の場合も同様）。これを３度繰り返し、皿は毎回置き換える」

その詩の中で、この占いをしたジョンおじさんは、空の皿ばかり３度選んでしまい、腹を立てて皿を火の中に投げ込みました。

アメリカでは少しやり方がちがい、皿を４枚並べてそれぞれに土、水、指輪、ぼろ切れを入れます。目隠しをした人が土の入った皿を選んだら、間もなく離婚し、水の皿なら船旅に出かけ、指輪の皿ならすぐに結婚し、ぼろ切れの皿なら生涯独身となると言われています。

むかし、レンスターの田舎には
結婚しない娘などいなかった
今宵とおなじハロウィンの夜
恋に行き詰まった娘は、運試しに
暖炉でせっせとナッツを燃やし
火を灯したキャンドルを持ち
目を見開いてグラスを見つめ
魔女が呪文を唱えるように
奇妙な言葉をつぶやいて
空中に３度種をまいた

イーディス・マチルダ・トーマス（1854－1925）の詩
「魔法をかけられた指輪　ハロウィンの話」より
1900年11月ディリニエイター・マガジン掲載

*レンスターは、アイルランドの一地方。「奇妙な言葉」がどんなものだったか、また「空中に３度種をまく」というのがどういう意味か、興味をそそられます。

炉辺をきれいに片づけて
皿を３枚きちんと並べ
たいそう気をつけ
毎回皿を置き換える
マール伯爵の年以来、
結婚したいジョンおじさん
空の皿を３回選び
たいそう腹立て
皿をみな火に投げ込んだ

ロバート・バーンズの詩「ハロウィン」（1785）より

*「マール伯爵の年」というのは、マール伯爵率いる反乱軍がイギリス王ジョージ１世の軍と戦って敗れた1715年だと思われます。

Hallowe'en superstitions
ハロウィンの迷信

さまよう幽霊に出くわしたくなければ、日没までに旅を終えること。

塩は魔女を追い払う。だから出歩くときは、身を守るために十字に塩をつけたパンを持ち歩くこと。

キャンドルの炎が揺れたら、霊がやって来たしるし。キャンドルが倒れたら、悪いことが起こるしるし（火事とくればなおさら！）。

諸聖人の日の前夜に生まれた者は予知能力を持っている。

舞い落ちてくる葉をつかむと、冬の間、幸運と健康に恵まれる。

訪ねてくる霊に敬意を表すため、諸聖人の日の前夜、午前0時きっかりに黙とうをささげること。

ほうきで家の中を表から奥へ掃くと、過去1年の厄介ごとが一掃され、新しい年を迎える支度ができる。

未来を告げるささやきを聞くために、風に耳をすませること。

黙って食事を作り、真夜中に黙って食べると、霊がテーブルにやってくる。これを「沈黙の食事」と言う。

求婚されて迷う娘は、ねこのしっぽの毛を3本抜いて紙でふわっと包み、ドアマットの下に置く。朝、その毛がY（イエス）かN（ノー）の形に見えたら、それが答え。

ああ、コレクターの喜びよ

彼以上の至福を味わう者はいない

ヴァルター・ベンヤミン(1892-1940)
ドイツ人文芸評論家・哲学者

chapter 5

5章

COLLECTIBLES

コレクション

Collectibles

ハロウィングッズのコレクション

ハロウィンで使う小物類は昔はすべて手作りでしたが、
20世紀初頭、アメリカでハロウィンが定番行事になると、
さまざまなグッズが市販されるようになりました。
絵はがきやグリーティングカード、便箋、テーブルの飾り、置物など、
目新しいものが人気を集め、メーカーはこぞって新商品を売り出しました。
そして今、当時のハロウィングッズを集めるコレクターが増えています。
仮装用のコスチュームはたいてい家庭で手作りされたもので、
第二次世界大戦前に作られたコスチュームは貴重なコレクションです。

本物のアンティークは希少価値があって高価ですが、最近はアンティーク調に作ったハロウィングッズが手頃な値段で売られているので、パーティーに利用するといいかもしれません。貴重な本物を持っている人は、大事に飾っておくといいでしょう（壊れるのが心配なら、パーティー会場には出さないこと）。

アンティークの絵はがき、グリーティングカード、招待状、包装紙などには、それぞれの時代のスタイルが表れていて、昔は暗くて不気味な雰囲気だったハロウィンが、家族の明るいイベントへと変化していった様子が見てとれます。たとえば、かわいらしい黒い子猫と、赤いケープ姿のぽっちゃりした子どもが描かれた絵はがきがあったり、怖いはずの幽霊がにっこり笑っていたり、かかしとジャック・オー・ランタンも歓迎の表情を浮かべていたり。クモやコウモリさえもかわいく描かれているものがあります。

HALLOWE'EN
GREETING

Frances Brundage
Hallowe'en Greetings.
Design Copyright 1910 by Frances Brundage.

POSTCARDS
絵はがき

ハロウィンの絵はがきに書かれた詩

ハロウィンの日に
カボチャ、黒猫、魔女、月、コウモリからごあいさつ。

ハロウィンには、なんにも怖くないふりをしよう。
逃げたくたって、ぐっとがまん。
楽しいふりをするんだよ。

一時期、ハロウィンに絵はがきを送るのが大流行しました。しばらくはクリスマスカードのようにハロウィンカードが当たり前になっていたのです。この流行は1905年から1918年ごろまで続きました。うっとりするような美しいイラストに楽しい詩が添えられたカード（ほとんどがドイツ製）が、アメリカ中の家の郵便受けに届き、ハロウィンへの期待を盛りあげていたのです。

ハロウィンの絵はがきが流行ったのには、1898年に法律が変わって、民間で絵はがきを販売できるようになったという背景がありました。それ以前は、はがきとして送れるのは、アメリカ郵便公社が専売する料金前払いの「官製はがき」だけでした。この官製はがきは、手軽にメッセージを送れるように（電子メールのない時代ですから）、1893年に売り出されたものです。絵はがきを送れるようになった当初は、絵はがきの表には宛先以外は書いてはいけない決まりだったのですが、1908年からは表にメッセージも書けるようになりました。

Paper Decorations

紙のデコレーション

家庭やパーティー会場の装飾は、以前は薄紙やクレープ紙（しわ加工した紙）を使って手作りされていましたが、ハロウィンのデコレーション用に作られた既成の紙の飾りが手頃な値段で手に入るようになると、たちまち大流行しました。クレープ紙でできたテーブルクロスやナプキン、紙のリボンは今もよく使われています。

アメリカで初めて装飾用クレープ紙を販売したデニソン・マニュファクチャリング社は、1909年に最初のハロウィン商品を売り出しました。またカレンダーや木製品で有名なバイストル社がドイツから技術を買って1910年に発売したのが、重ねた紙を開いていくとハチの巣状の立体ができるハニカムボールです。月をバックに飛ぶ魔女やほうきに乗ったネコ、鐘、ランタン、コウモリ、クモなどさまざまな種類があって、パーティー会場を不気味な隠れ家に変えられる便利なアイテムです。

招待状や便箋のほか、シールやステッカー、リボン、横断幕、座席カード、ダンスカードなども作られました。ダンスカードとは、シルクのタッセルがついた二つ折りの美しいカードで、舞踏会で若い女性がだれとどのダンスを踊るかメモしておくものでした。かしこまった舞踏会などなくなった今でも、古き良き時代の雰囲気をしのぶことができるアイテムです。

デニソン・マニュファクチャリング社とバイストル社は斬新な紙のデコレーションで成功し、今も人気を誇っています。猫やカボチャ、かかしや魔女などの形の厚紙のデコレーションをみんな熱心に買い求め、ぼろぼろになると1年かそこらで買い替えるのです。

デニソン社製のアンティークは貴重で、ギフトボックスなどの紙製品のほか、クラフトの本、カタログ、季刊誌『パーティー』、ハロウィンのアイディアを紹介する本『ブギー』など出版物もコレクターに人気があります、『ブギー』の第1号は1909年に、第2号は1912年にデニソン社から発行され、その後は1930年代中頃まで毎年発行されました。

バイストル社の印刷物のアンティークも人気があり、同社はかつてのデザインを用いた復刻版を数量限定で作るようになりました。1920年代にバイストル社は黒い厚紙とオレンジ色の透ける紙でできた多面体のランタンをドイツから輸入しましたが、とくに十二面体のものは貴重な品です。

COSTUMES AND MASKS

コスチュームと仮面

少なくとも16世紀、あるいはそれよりずっと前から、
諸聖人の日の前夜には仮装する習慣が見られました。

ハロウィン用に大量生産のコスチュームが店頭に登場したのは1930年代、ちょうどアメリカでトリック・オア・トリートが広まって、ハロウィンの日に子どもはお菓子をもらいに、大人は楽しみを求めて、出かけていくようになった頃でした。それまでも幽霊や妖怪などのコスチュームや仮面が家庭で手作りされていましたが、ほとんどが子ども用で、仮面は張り子で作ったものや、厚紙を切って紐で頭にくくりつけただけの簡単なものでした。魔女やドクロやおばけが人気でしたが、怖い顔の仮面を作るのは意外に難しく、奇妙な仮面になりがちでした。ひげ面の盗賊ネッド・ケリーそっくりの子どもたちもいましたが、おそらく偶然の産物でしょう。

子どもたちは親から借りたぶかぶかの古いコートや毛布をはおって外に出かけました。目のところをくり抜き、猫などの顔を描いたシーツをかぶる子もいました。パーティーに行くときは、服にコウモリやカエルや猫や魔女をかたどった黒い飾りをつけました。フォーマルなパーティーや舞踏会に行く裕福な人たちは派手な仮面やコスチュームを特注したものですが、一般の人にはひらめきが大事だったのです。

1920～30年代のハロウィンパーティーでは、有名人がハロウィンらしいテーマで仮装することが多く、想像力にあふれる仮装が多く見られました。当時はブリッジや麻雀といったゲームを呼び物にしたパーティーもあれば、もっと賑やかなパーティーもあったようです。仮装して仮面をつけて変装していると、きっと羽目をはずしてはしゃげたのでしょう。

コスチュームが市販されはじめたころには、魔女、妖精、幽霊、骸骨、それにカボチャが圧倒的に人気でしたが、そこに海賊、ピエロ、ミイラも加わるようになりました。1919年ごろには人気コメディー映画の登場人物などのコスチュームもお目見えしていました。ホラー映画が人気になると、ドラキュラやフランケンシュタインなど怖いキャラクターが玄関先に訪ねてくるようになり、続いてゾンビやオオカミ人間、エイリアンも現れました。スーパーヒーローが登場するのはもっと後になってからのことでした。あるウェブサイトで、子どものころのハロウィンの思い出を綴った投稿がありました。ハロウィンには学校に仮装していく習慣があり、スーパーマンがコミック誌に登場した翌年の1939年に、母親がスーパーマンの衣装を作ってくれたという話です。胸に赤と黄色の「S」がついた青いコスチュームを着て、真っ赤なマントをなびかせた彼はハロウィンのスターになり、「世界一幸せだった！」と言っています。最近では、仮装を楽しむのは子どもたちだけではありません。全国小売連盟によると、欧米の大人に人気があるのは魔女、海賊、吸血鬼、猫、そしてピエロ——と、ここまでは伝統的なハロウィンのモチーフですが、それだけではありません。カウボーイや天使やプリンセスもいれば、映画スターやミュージシャン、アニメのキャラクター、そして政治家まで登場します。なぜか信号機、忍者、バナナ、なんていうおかしな仮装も——ハロウィンには何でもありなのです！

レトロな雰囲気を出すには、魔女や幽霊といった伝統的なキャラクターにしましょう。自分で作るのも楽しいものですが、手間をかけられない人は市販されているアンティーク調のコスチュームを探すといいでしょう。

Candy Containers

キャンディ・コンテナー

かつてキャンディ・コンテナーは、ハロウィンの装飾のひとつとして、
バイストル社やデニソン社製の紙の飾りと並べられていたようです。

1950年代になると、ロスブロ社が作ったプラスチック製のかわいいキャンディ・コンテナーが登場しました。ほとんどがオレンジ色か黒で、車輪つきのものもありました。ロスブロ社のキャンディ・コンテナーは今もあちこちで見かけますが、大戦前のキャンディ・コンテナーは数が少ない貴重な品です。

当時は、魔女や黒猫、幽霊、悪魔、それに当然ジャック・オー・ランタンのキャンディ・コンテナーが作られていました。素材は紙に糊を混ぜて固めたパピエマシェなどで、石膏が混ざっているものや木製のものも見られます。帽子や頭の形をしたふたがついていて、持ち上げて中にお菓子を入れるものが一般的です。もしかすると、パーティーのゲームの賞品だったのかもしれません。針金の取っ手がついたものもありますが、外に持っていくより室内に置くためのものだったようです。

Trick-or-treating bags

トリック・オア・トリート用バッグ

トリック・オア・トリート用バッグは戦後に登場したアイテムです。
キャンディがもらえるとなれば、子どもたちはもうじっとしていられません。

トリック・オア・トリートではチョコレートやキャンディを手に持ち切れないほどもらうので、なにかいれものが必要ですが、普通のバッグではハロウィンの気分が盛りあがりません。そこでトリック・オア・トリート用の特別なバッグが登場したのです。素材は紙や布やビニールで、外側にはハロウィンにぴったりのキャラクターたちがデザインされていました。大きさはさまざまで、たいていはきれいな飾りがついています。重みでバッグが破けるくらいお菓子をもらいたい子は、ハロウィン用に飾りつけしたバケツを持って出かけたものです。

pumpkin trick-or-treat bag

カボチャの形のトリック・オア・トリート用バッグ

昔はハロウィン用の小物はほとんどが手作りでした。手軽に作れるトリック・オア・トリート用バッグをご紹介します。もらったお菓子をこれに入れて歩けば、人混みの中でも目立つこと間違いなし。フェルトは扱いやすく、ほつれないので端の始末がいりません。仕上げには、ボタンをためている箱から大きさのちがう緑系のボタンを探して、しっかり縫いつけましょう。勢いよく振りまわしたり、お菓子でいっぱいになったりしても、ボタンが取れないように。

用意するもの

140ページの型紙
オレンジ色のフェルト（35×40cm）
緑色のフェルト（12×30cm）
大きさのちがう緑色のボタン（約20個）
オレンジ色と緑色の縫い糸

裁ちばさみ
ピンキングばさみ
ものさし縫い針
待ち針
ミシン

1
型紙を使って、オレンジ色のフェルトから6枚の本体パーツを切る。

2
型紙を使って、緑色のフェルトから6枚の葉を切る。葉をオレンジ色の本体パーツに上端がそろうように置き、待ち針で留める。
葉を本体パーツに縫いつける。
おなじように6組作る。
葉がついている面が表になる。

3 2枚のパーツを外表に合わせて
（葉のついた面が外側になる）
待ち針で留め、
片方の端5ミリ位をミシンで縫う。
（上糸もオレンジに）

4 縫い合わせた2枚を開いて一方の端に
3枚目のパーツの端を外表に合わせ、
待ち針で留めてからミシンで縫うと、半球形になる。
残りの3枚のパーツでおなじように、半球形をもう1つ作る。

5
半球形2つの端どうしを
外表に合わせ、
待ち針で留めてからミシンで
縫って球を完成させる。

6 オレンジ色のフェルトを3.5×30㎝に切ってひもを1本作る。
緑色のフェルトで2×30㎝のひもを2本作る。
緑色のひもをオレンジ色のひもの中央に合わせて
待ち針で留め、緑色のひもの両端を縫う。
裏返して、もう1本の緑色のひもを同様に縫いつける。

7 オレンジ色のひもの両端を、
ピンキングばさみで切って
ギザギザにする。
これがバッグの
持ち手になる。

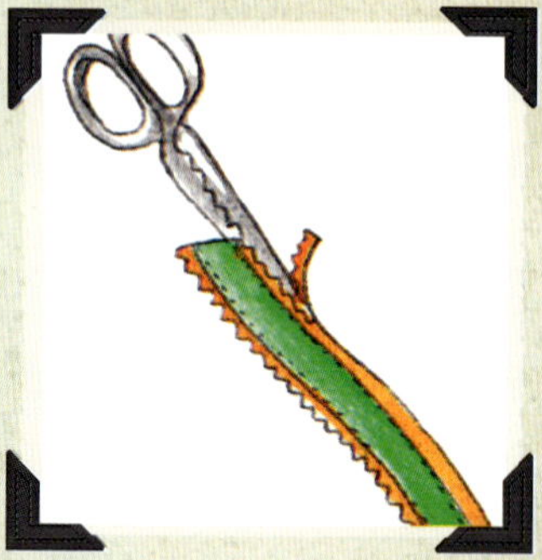

8 持ち手の端をバッグの内側に
待ち針で留め、強度を出すために
ミシンで何往復か縫う。
もう片方の端を真向いの位置に留め、
同様に何往復か縫う。

9 6枚のパーツそれぞれに、
3～4個ずつボタンを
縫いつける。

TEMPLATES 型紙

型紙は指定の%に拡大コピーをして
ご使用ください。

にやけた顔の
ジャック・オー・ランタン
〈66ページ〉

〈100%で使用〉

幽霊屋敷のランタン

〈48ページ〉

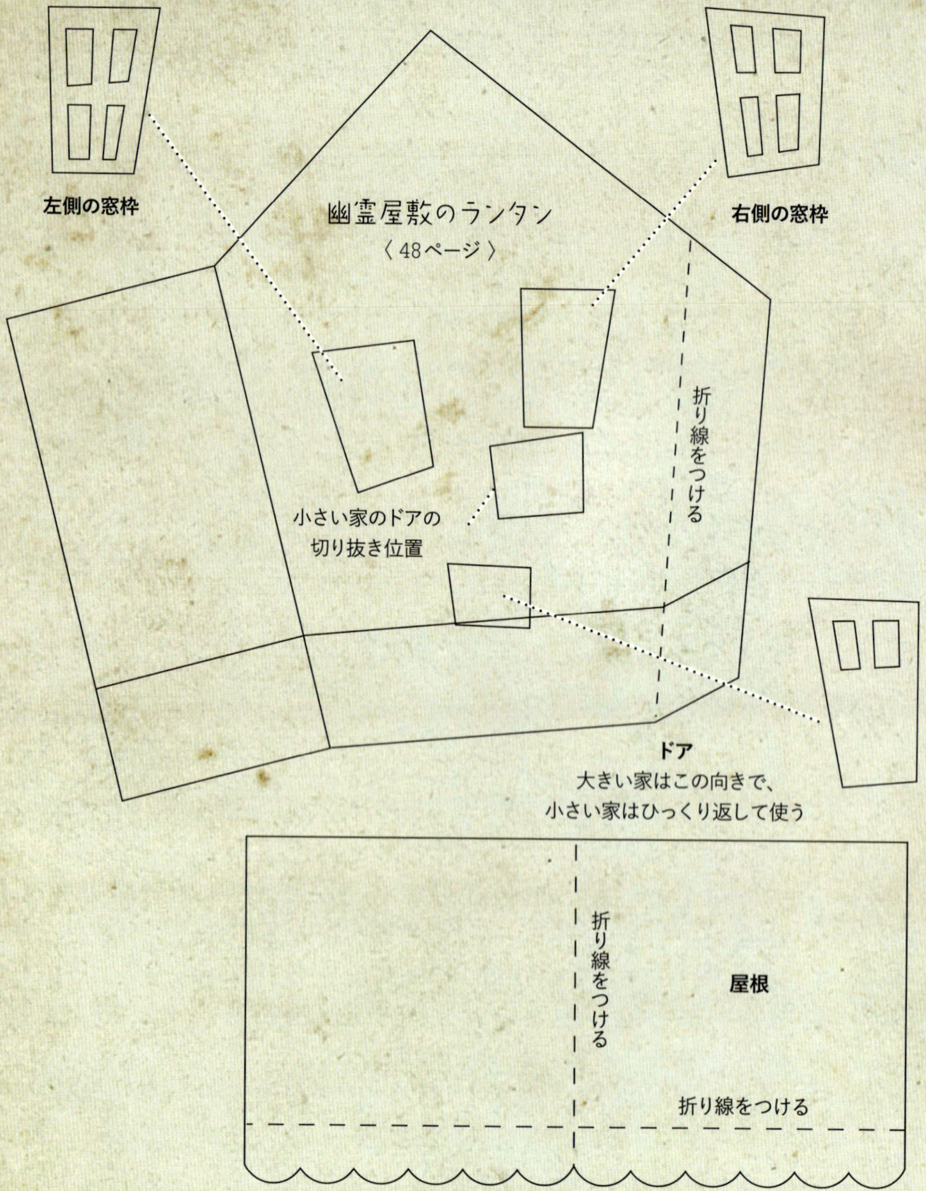

〈200%に拡大して使用〉

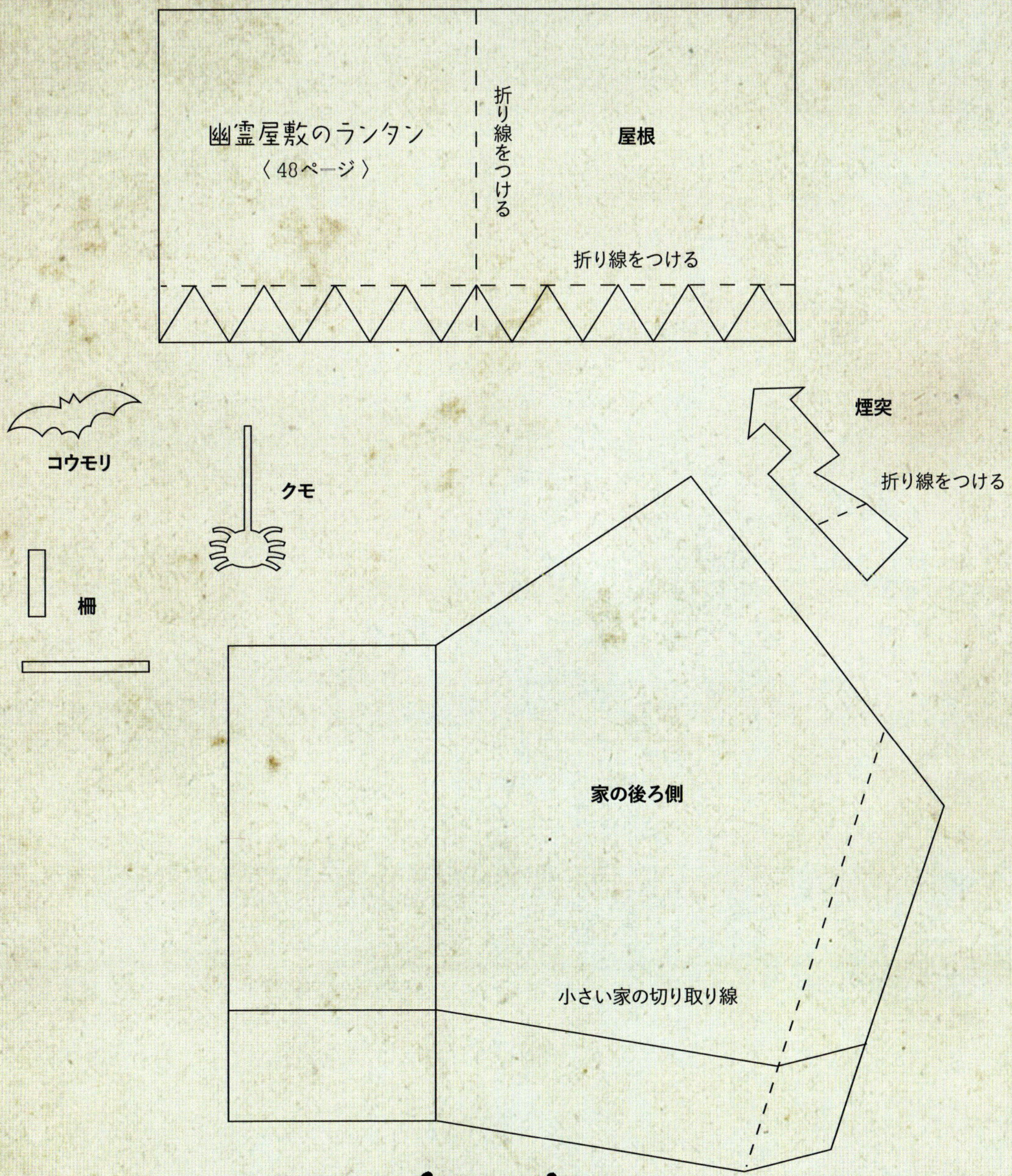
幽霊屋敷のランタン
〈48ページ〉
折り線をつける
屋根
折り線をつける
コウモリ
クモ
柵
煙突
折り線をつける
家の後ろ側
小さい家の切り取り線

〈200%に拡大して使用〉

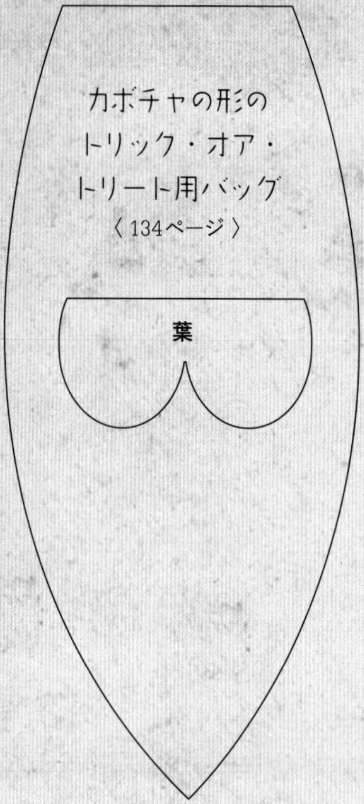

〈200%に拡大して使用〉

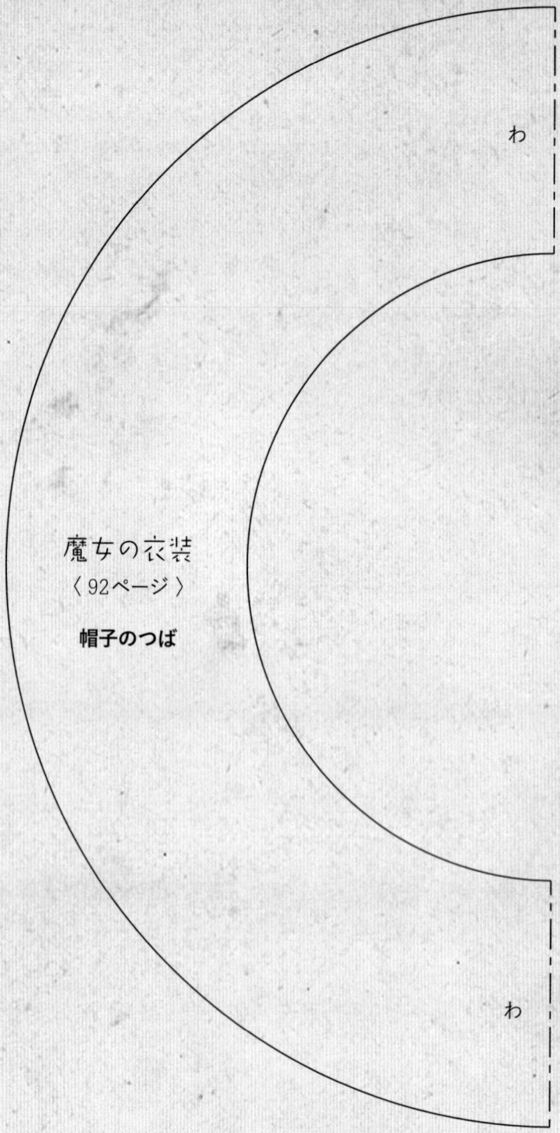

〈200%に拡大して使用〉

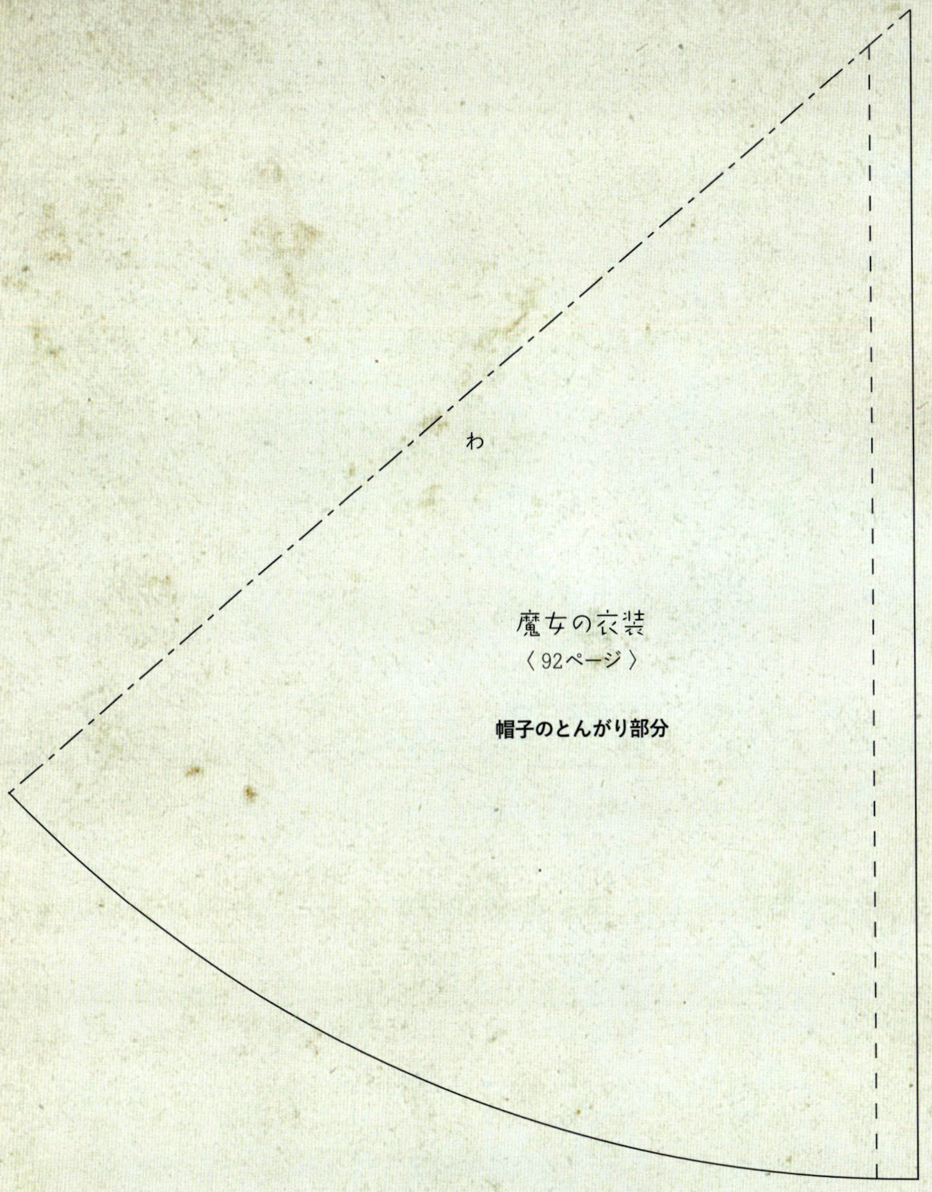

〈200%に拡大して使用〉

RESOURCES
リソース

インターネット上にはハロウィンにまつわる情報や、さまざまな意見や楽しみ方が満載です。本書を書くにあたり、わたしもたくさんの記事や引用を読み、たくさんのウェブサイトを参考にさせてもらいました。なかでも特に役立ったものを以下に挙げておきます。（英語）

☆ *The Book of Hallowe'en* Ruth Edna Kelley (Lothrop, Lee and Shepard 1919)

☆ *Bright Ideas for Entertaining* Mrs Herbert B. Linscott (George W. Jacobs, Philadelphia, 9th edition 1905)

☆ *When You Entertain: What To Do, And How* Ida Baily Allen (Coca-Cola Company, Atlanta, 1932)

☆ *The Blue Ribbon Cook Book* Annie Gregory (Monarch Book Company, Chicago, 1901)

☆ *Robert Burns and Friends*, Essays by W. Ormiston Roy Fellows, presented to G. Ross Roy, University of Carolina, 2012, pages 24-37: Footnoted Folklore: Robert Burns' "Hallowe'en" by Corey E. Andrews

☆ "Halloween: A History" Lesley Bannatyne (website article from iskullhalloween.com/hist_article.html)

☆ "Gangsters, Pranksters, and the Invention of Trick-or-Treating, 1930–1960" Samira Kawash, The American Journal of Play volume 4 issue 2/The Strong, New York

☆ The American Folklife Center, Library of Congress, at loc.gov/folklife

☆ The Food Timeline: foodtimeline.org/halloween.html

☆ All About Pumpkins: allaboutpumpkins.com

☆ Colonial Williamsburg: history.org/Foundation/journal/Autumn09/pumpkins.cfm

95ページで紹介した幽霊の物語は、オンラインで読むことができます。そのほかの伝説や幽霊話はamericanolklore.net またはthemoonlitroad.com でどうぞ。またgutenberg.orgなどいくつかのウェブサイトでは、絶版になったものも見られます。

SUPPLIERS

欧米でグッズを買えるお店

〈アメリカ〉

A.C. Moore
Stores nationwide
1-888-226-6673
www.acmoore.com

Art Supplies Online
800-967-7367
www.artsuppliesonline.com

Craft Site Directory
Useful online resource
www.craftsitedirectory.com

Create For Less
866-333-4463
www.createforless.com

Hobby Lobby
Stores nationwide
1-800-888-0321
shop.hobbylobby.com

Jo-Ann Fabric & Craft Store
Stores nationwide
1-888-739-4120
www.joann.com

Michaels
Stores nationwide
1-800-642-4235
www.michaels.com

S&S Worldwide Craft Supplies
800-288-9941
www.ssww.com

Sunshine Crafts
800-729-2878
www.sunshinecrafts.com

〈イギリス〉

Early Learning Centre
08705 352 352
www.elc.co.uk

Homecrafts Direct
0116 269 7733
www.homecrafts.co.uk

Hobbycraft
0800 027 2387
www.hobbycraft.co.uk

John Lewis
08456 049 049
www.johnlewis.co.uk

Kidzcraft
01793 327022
www.kidzcraft.co.uk

Paperchase
0161 839 1500 for mail order
www.paperchase.co.uk

Paper and String
www.paper-and-string.co.uk

〈オンラインストア〉（英語）

rubylane.com
countryliving.com
vintagehalloween.com
vintagebeistle.com
etsy.com
pinterest.com

THANK YOU!!

ユーモアを持って常にわたしを支えてくれた出版社のみなさんに、心より感謝申し上げます。
とりわけ、いかなるときもわたしを導き、このように魅力的なイラストをつけてくれたアンナ・ガルキナと、すばらしいデザインを監修してくれたサリー・パウェルに謝意を。
すべてをきちんとまとめてこんなにすてきな本にしてくれたデザイナーのマーク・ラターにも、心からの感謝を送ります。

もし、シンディ・リチャードが企画を持ってきてくれなければ、そして、ジリアン・ハスラムがわたし書かせてみるという賭けに出てくれなければ、この本が出ることはなかったことでしょう！
その意味でも、おふたりに心から感謝申し上げます。

すてきな工作を考えてくれたエンマ・ハーディと、おいしそうなキャラメル・アップルのレシピを担当してくれたヘザー・キャメロンにも感謝しています。

最後になりましたが、ケルト全般に対するわたしの興味を駆り立ててくれ、クリスマスだったにも関わらず、古めかしいハロウィーンの飾りが家中にぶら下がっていても文句ひとつ言わずにいてくれた、夫ロドニーに大いなる感謝を！

マイ・ヴィンテージ・ハロウィン

2015年8月25日　初版第1刷発行
2024年8月25日　初版第4刷発行

著者　マリオン・ポール
(© MARION PAULL)
発行者　津田淳子

発行所　株式会社 グラフィック社
〒102-0073 東京都千代田区九段北1-14-17
Phone: 03-3263-4318　Fax: 03-3263-5297
https://www.graphicsha.co.jp

制作スタッフ
翻訳　蒲池由佳／西本かおる／村上利佳／八木恭子
作り方ページ監修　田中彰子
組版・カバーデザイン　御堂瑞恵（SLOW Inc.）
編集　本木貴子（グラフィック社）

ISBN 978-4-7661-2800-0　C0076
Printed in China